# 中央線
## オレンジ色の電車今昔50年

目次 中央線 オレンジ色の電車今昔50年

はじめに ……… 4

カラーグラフ オレンジ色の電車 残照
オレンジ色の電車半世紀 (塚本雅啓) ……… 5

阿佐ケ谷駅 ……… 87
荻窪駅 ……… 89
西荻窪駅 ……… 93
吉祥寺駅 ……… 95
三鷹駅 ……… 98
武蔵境駅 ……… 101
東小金井駅 ……… 103
武蔵小金井駅 ……… 105
国分寺駅 ……… 107
西国分寺駅 ……… 109
国立駅 ……… 111
立川駅 ……… 113
日野駅 ……… 116
豊田駅 ……… 118
八王子駅 ……… 120
西八王子駅 ……… 123
高尾駅 ……… 125

中央線の駅今昔 (文・写真解説 三好好三) ……… 33

東京駅 ……… 47
神田駅 ……… 48
御茶ノ水駅 ……… 54
水道橋駅 ……… 55
飯田橋駅 ……… 59
市ケ谷駅 ……… 61
四ツ谷駅 ……… 63
信濃町駅 ……… 65
千駄ケ谷駅 ……… 68
代々木駅 ……… 69
新宿駅 ……… 70
大久保駅 ……… 71
東中野駅 ……… 76
中野駅 ……… 78
高円寺駅 ……… 80
………83

大震災直後の中央線
——関東地方大震災鉄道被害写真 (三好好三) ……… 128

2

## 中央線一二〇年のあゆみ（塚本雅啓）……………………132

- 甲武鉄道の設立と開業
- 甲武鉄道の建設
- 八王子以西の建設
- 市街線の建設
- 電化と電車運転
- 甲武鉄道の国有化
- 都心延長と「の」の字運転
- 「の」の字運転の解消
- 鋼製電車の投入
- 東京地区の電車区間の拡大
- 御茶ノ水―中野間の複々線化と急行運転
- 「1円電車」の運転
- 長距離列車を新宿発着に
- 20ｍ級電車とモハ51形の誕生
- 戦時輸送と中央線の戦災
- 電気機関車に牽引された電車
- 戦後の中央線電車
- 列車区間への進出
- 戦後の中央線の事件と事故
- 〝山スカ電車〟の登場
- 新性能電車モハ90形の誕生
- 電車区の増設と「急行電車」の時間拡大
- 優等列車も走行
- 中野―三鷹間の高架複々線化と東西線直通
- 「五方面作戦」と貨物列車
- 中央線電車の車両変遷
- 長距離列車の車両変遷
- 三鷹―立川間の高架化工事

## 歴史の中に消えていった駅と路線（三宅俊彦）……………………161

- 万世橋駅
- 昌平橋駅
- 飯田町駅
- 牛込駅
- 青山駅（軍用停車場）　青山―新宿間
- 青山駅（仮停車場）　青山―新宿間
- 青山駅（仮停車場）　青山―千駄ケ谷間
- 新宿御苑（仮停車場）　新宿御苑―代々木間
- 新宿駅第一乗降場・新宿駅第二乗降場
- 東浅川駅
- 武蔵野競技場前駅　三鷹―武蔵野競技場前間
- 下河原駅富士見（信）→北府中駅　国分寺―下河原間
- 下河原駅　国分寺―北府中―下河原間
- 東京競馬場前駅　北府中―東京競馬場前間
- 多摩川原駅　立川―多摩川（信）―多摩川原間

中央線関連年表（三好好三）……………………172

あとがき……………………174

## はじめに

「中央線で上京すると東京の印象がよい」と語ってくれた人があった。

確かに、東海道新幹線、東北・上越新幹線、東海道本線、東北本線、常磐線、総武線で東京入りする時のように、大きな川を渡って都心に入るわけではなく躍動感には欠けるが、東京の品のよい一面を絵巻のように見せてくれるところが中央線にはある。長野、山梨方面の山岳地帯から関東平野へ出てくると、東京西部の住宅・文教地域や商業地区を横断して副都心・新宿に到着する。さらに進むと外濠の水と緑を眺め、神田の商業地域をかすめて、大手町のビジネス街を見ながら東京駅にすべり込む。総じて景物が明るく、洗練された文化の香りも漂っている。それが中央線の魅力と映るのであろう。

JR東日本では高尾までの近距離電車区間を「中央線」、長距離列車が走る高尾以西を「中央本線」と区別して案内しているが、東京の好印象に貢献してきたのが「中央線」の区間と、そこを走った歴代の電車である。

大正8年（1919）3月に東京駅へ乗り入れてからの「中央線」は、東京における郊外電車の元祖となって発展を遂げた。特に大正12年（1923）の関東大震災以降は沿線への移住者が増えて、昭和初期には吉祥寺付近まで市街地化が進んでいた。その後、都市化の波はひとまず三鷹付近で小休止し、それより西は国立、立川、八王子に飛び地のように市街地が広がるという姿で戦後を迎える。都内の人口増と三鷹以西の宅地化が急速に進んだのは昭和20年代後半からで、中央線は旧型車の73系による増発と編成の長大化を繰り返したが焼け石に水だった。切り札としで昭和32年（1957）に登場したのがオレンジ色の高性能車101系（当初は90系）電車だった。その斬新なデザインとカラーによって中央線のイメージは一段とよくなった。

101系は中央線のために生まれてきた車両だけに相性がよく、カラーのイメージから「きんぎょ」のニックネームを頂戴して、以後、28年間にわたって乗客や沿線から親しまれた。昭和48年（1973）から中央線（快速用）にも後継車両の103系がオレンジ色で登場して、10年ほど101系と併用された。

昭和54年（1979）には次世代車両の201系が華々しく登場し、同60年に中央快速線は201系に統一された。以後はその洗練されたスタイルと安定した走りぶりが沿線風景に溶け込んで、「オレンジの201系」は中央線の代名詞にもなっていた。

時は流れて初登場から27年が経過すると、さすがに201系にも疲労の色が見えてきて、最新の性能を備えた軽量ステンレス車E233系にバトンタッチする時がやってきた。それはオレンジ色1色に塗装された車両との別れを意味するものでもあった—。

○○○

本書は101系、103系、201系と三代50年にわたって中央線を走った"オレンジ色の電車"の終焉にちなみ、同線の車両、駅、施設の変遷を多面的に取り上げたものである。

各位から寄せられた貴重な写真と解説でしばし過去と現在の対比に思いを寄せていただき、個性豊かな中央線の未来への展望に役立てていただければ幸甚と思っている。

平成20年2月

著者を代表して

三好好三

カラーグラフ

# オレンジ色の
## 電車 残照

大都会の真ん中を50年にわたって走り続けてきた
101系、103系、そして201系電車。
中央線の明るい爽やかなイメージを定着させ、親しまれてきた
鮮やかなオレンジ色の電車の名シーンの数々をご紹介しよう。

JR発足を記念して「こんにちはJR」のヘッドマークを掲げた201系電車が運転された。
西国分寺駅　昭和62年4月14日　写真:巴川享則

■重層化された新しい東京駅のホーム　平成18年12月7日　写真:山口雅人

■気取った東京駅とは対照的に庶民的な神田駅　平成19年10月　写真:山口雅人

■御茶ノ水駅での地下鉄丸ノ内線との出会い　平成12年4月27日　写真:山口雅人

■御茶ノ水付近ですれ違う103系快速　昭和56年9月2日　写真:久保 敏

■御茶ノ水-水道橋　平成12年4月10日　写真:山口雅人

■神田川に沿って御茶ノ水駅に進入する201系「青梅特快」
平成12年4月24日　写真:山口雅人

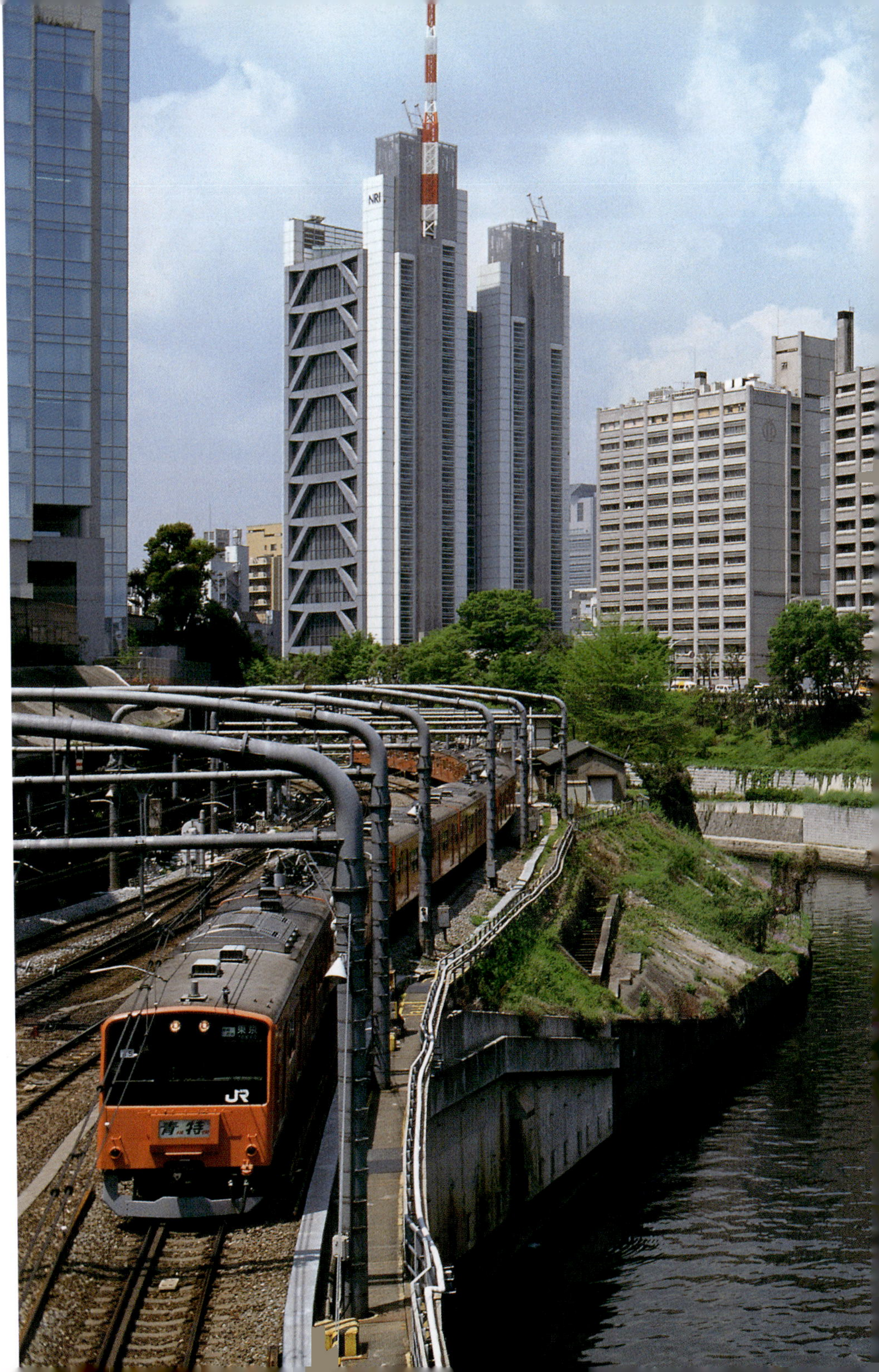
NRI
東京
JR

■飯田橋付近の牛込濠に浮かぶボートを見ながら走る
平成12年4月13日　写真:山口雅人

■満開の桜の下で古参201系と最新鋭のE233系が離合する 平成19年4月7日 写真:大野雅弘

■市ケ谷名物の釣り堀を見下ろす　平成18年12月3日　写真:山口雅人

■市ケ谷駅を通過する103系高運転台車による特別快速　昭和49年3月23日　写真:久保 敏

■飯田橋－市ケ谷間の土手を走り抜ける　平成12年4月9日　写真:山口雅人

■菜の花の黄色とピンクの桜に包まれて外濠沿いを快走する201系
平成19年4月7日　写真:大野雅弘

■そよ風に揺れる桜の花びらに映えるオレンジ色の電車新旧交代
平成19年4月7日　写真:大野雅弘

■飯田橋－市ケ谷間　桜の回廊を走り抜ける　平成19年4月7日　写真：大野雅弘

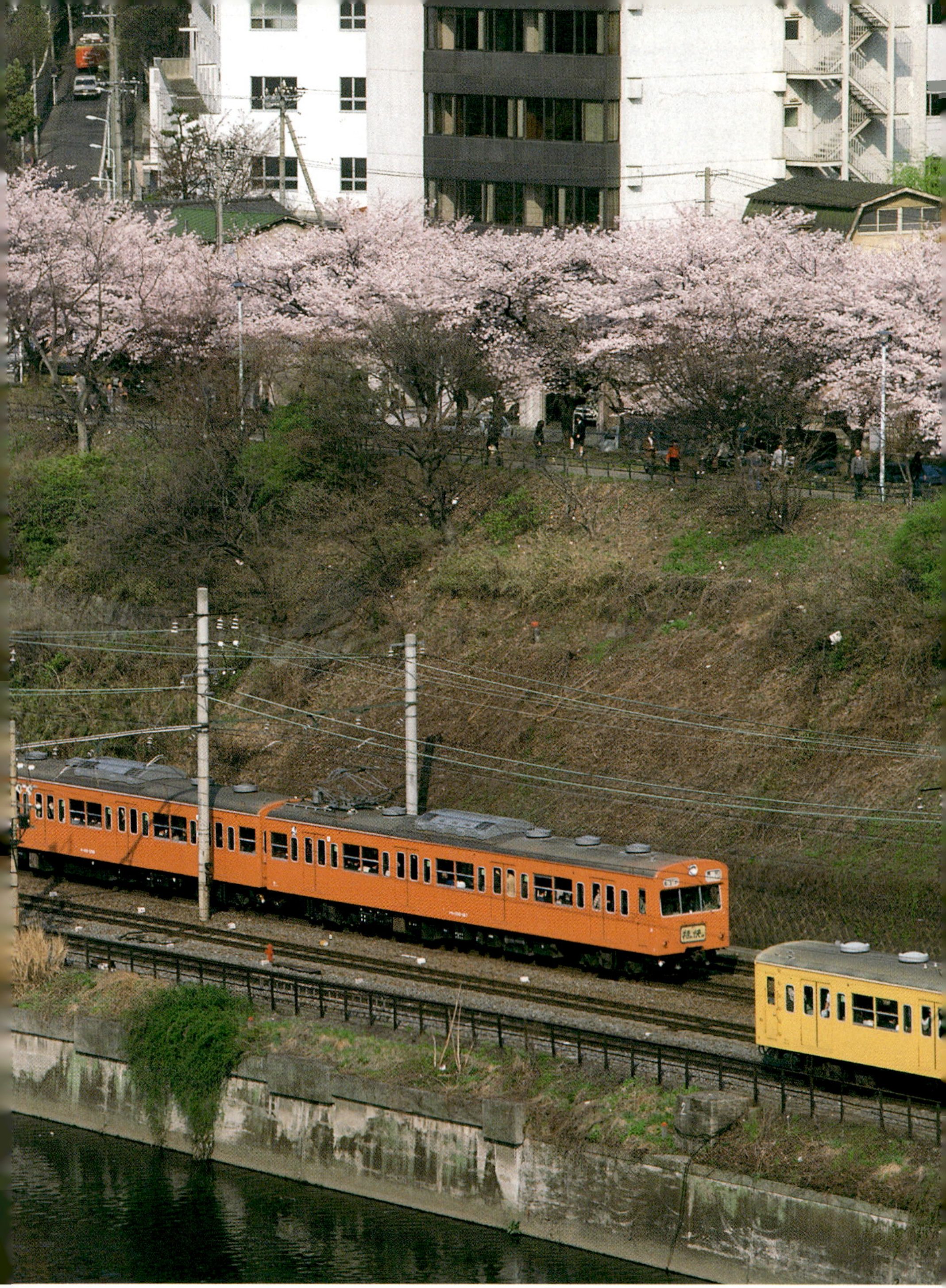

■オレンジ色の101系中央線特快とカナリヤ色中央・総武緩行線101系の出会い
昭和53年4月10日　写真:久保 敏

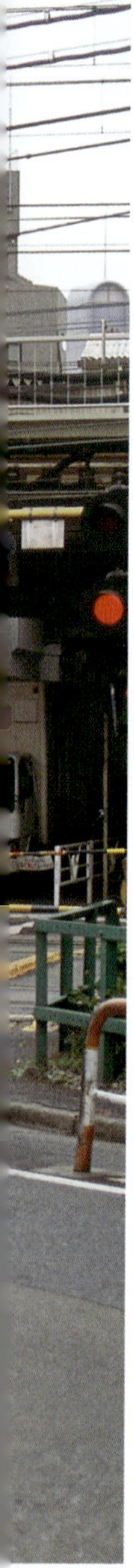

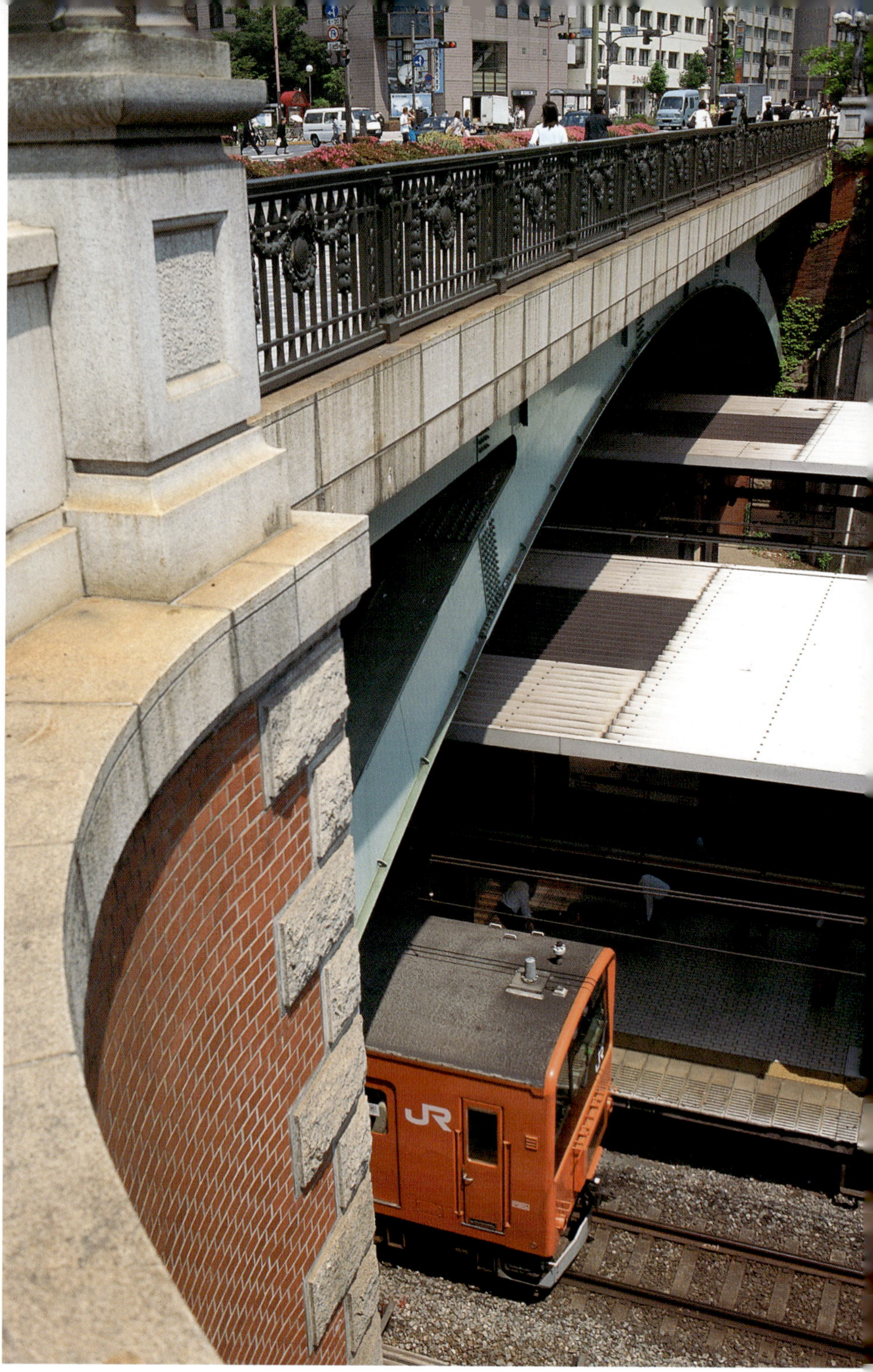
JR

■代々木駅で山手貨物線を行くEF66形と出合う
平成3年4月　写真:山口雅人

■四谷見附橋の下を行く
平成19年4月　写真:山口雅人

■新宿駅南口今昔— 貨物駅ホームには貨車や荷物電車が停まり、彼方の新宿御苑まで見通せた
　　　　　　　昭和47年11月　写真：久保 敏

■新宿駅南口今昔── 貨物駅跡には百貨店などが入る「タイムズスクエア」となり大変貌をとげている　平成12年5月11日　写真:山口雅人

■新宿の繁華街を間近に望み新宿駅大ガードを渡る　平成3年4月13日　写真:山口雅人

■中央線の快速と緩行が一堂に会した新宿－大久保間の光景
平成3年7月30日　写真:山口雅人

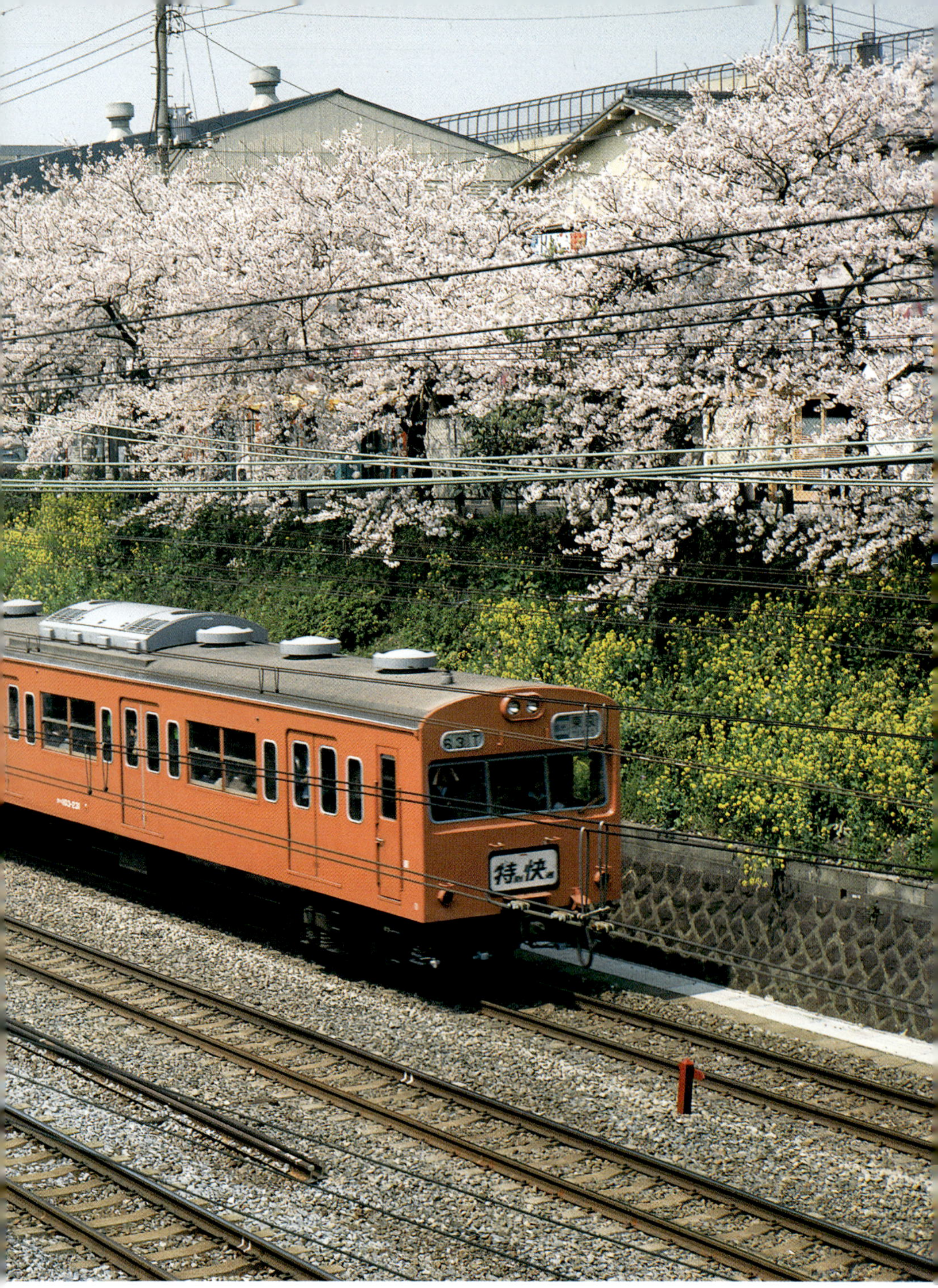
特快

■春爛漫の東中野　名物の桜並木を見上げて疾駆する103系特別快速　昭和55年4月11日　写真:久保 敏

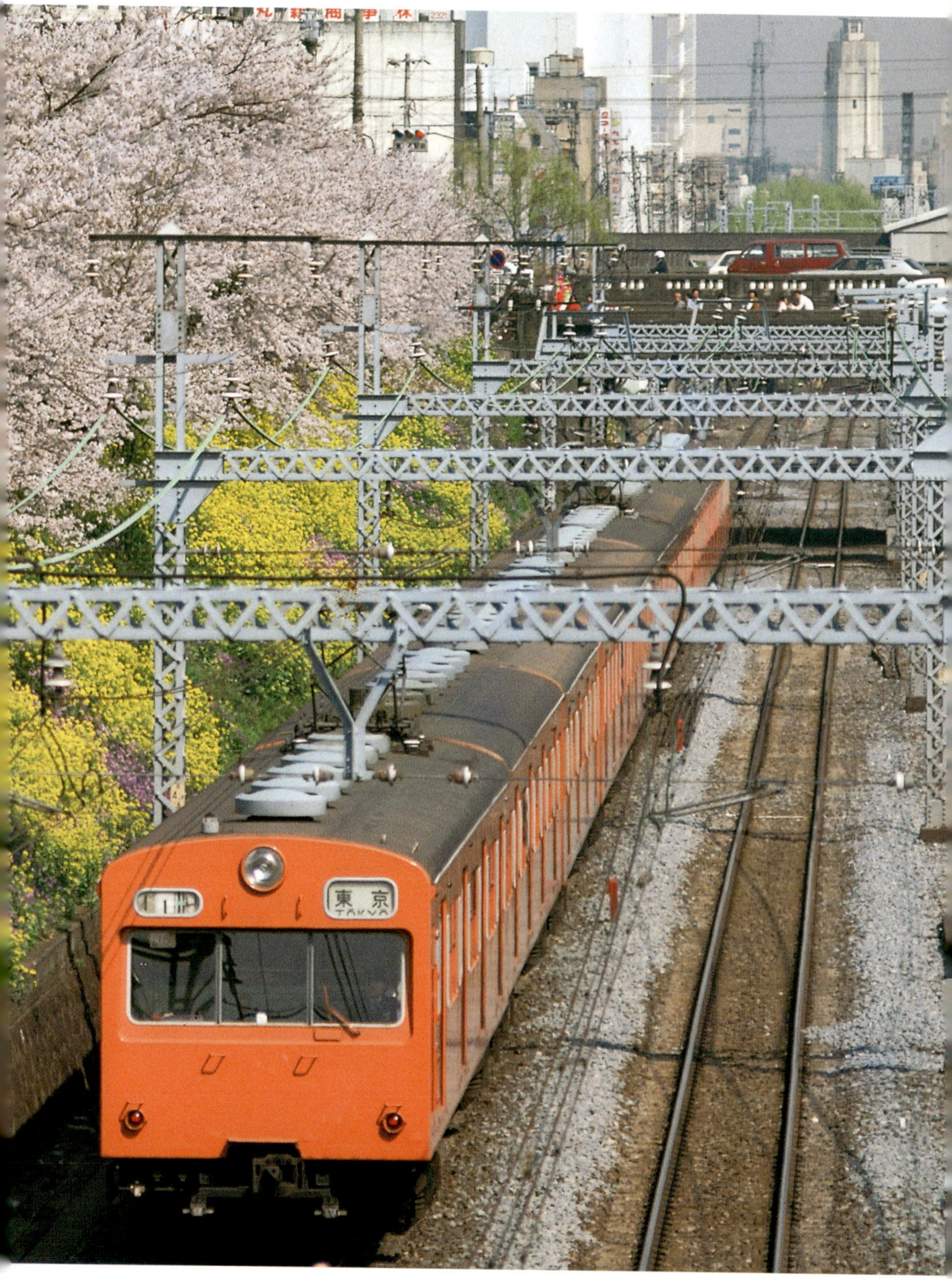
東京

■中央線の「オレンジ」、山手線の「ウグイス」、京浜東北線の「スカイブルー」の3色の電車が揃った東京—神田間のシーンを表紙にした『交通公社の時刻表』 昭和42年5月号

■菜の花を揺らして東京へと急ぐ101系快速
昭和52年4月2日　写真:久保 敏

■中央線随一の大河多摩川橋梁を渡る201系
昭和63年2月13日　写真:巴川享則

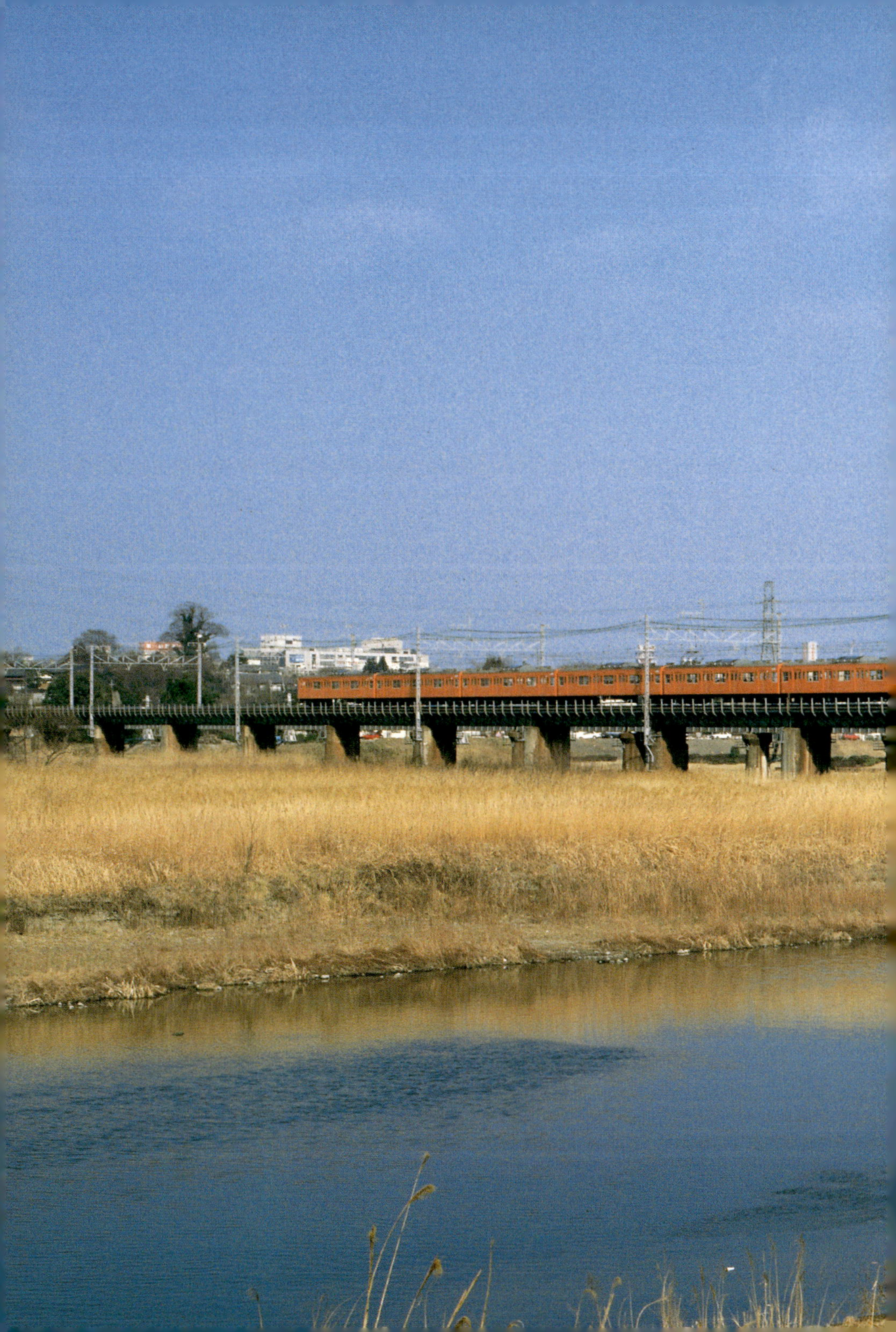

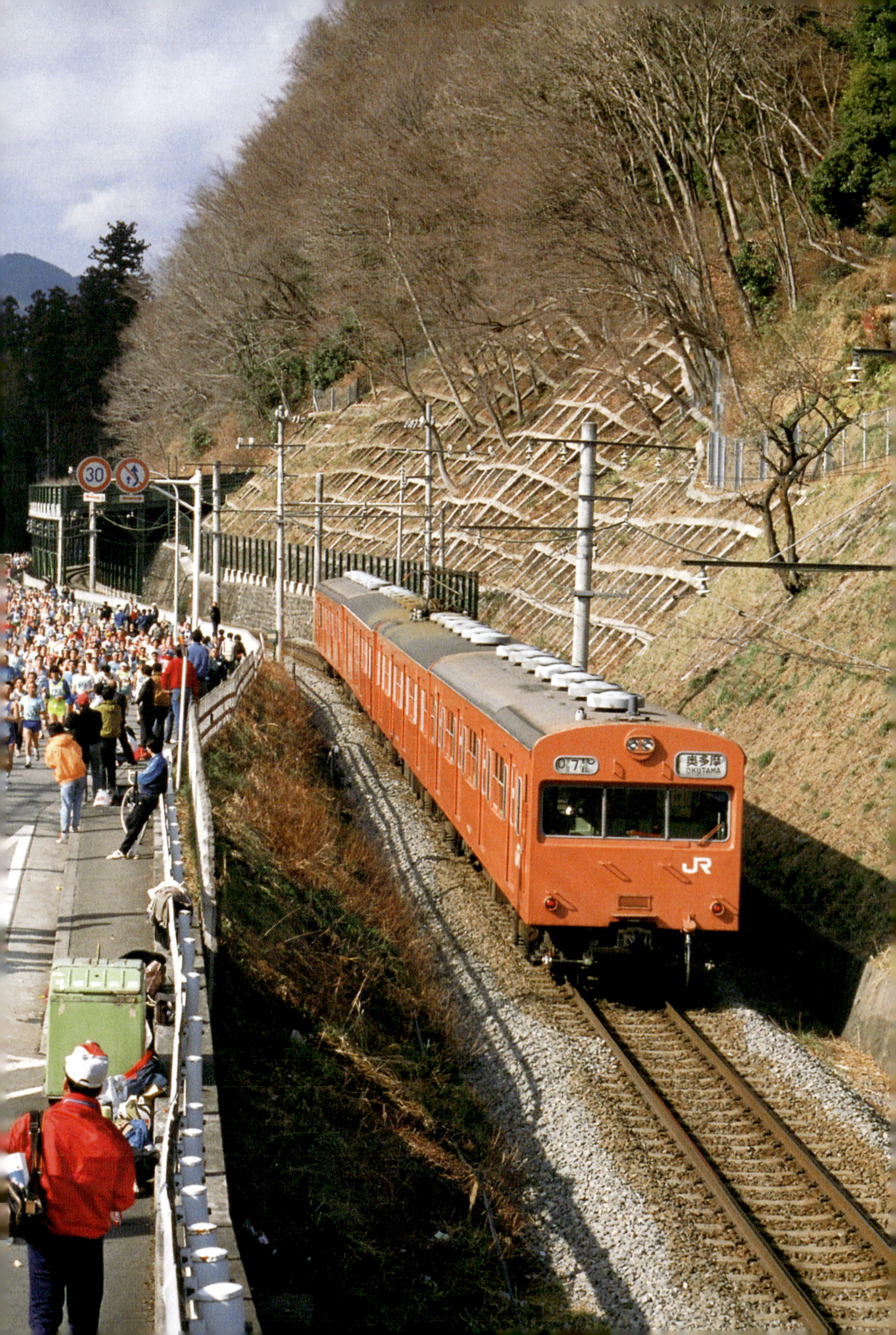
30
奥多摩
OKUTAMA
JR

■青梅マラソンの23km地点を行く青梅線103系4連
日向和田─石神前　平成元年2月19日　写真:巴川享則

■青梅線軍畑橋梁を渡る103系　昭和61年11月23日　写真:巴川享則

# オレンジ色の電車半世紀

## 塚本雅啓

四角型の大きなベンチレーターと雨樋が一体になった側面が特徴のモハ90形(後の101系900番台)東京駅での展示終了後田町電車区に向けて回送発車したところ。東京駅 昭和32年7月5日 写真:巴川享則

### 新性能電車モハ90形の開発

昭和20年代後半になると、通勤輸送は増え続ける乗客に対して対応が追いつかない状態にまで追い込まれていた。編成両数の増加や、運転間隔の短縮などを行って、かろうじてラッシュをしのいでいた状態だった。しかし、これにも限度があり、かといって短期間で線路を複々線に増設することもできなかった。

そこで考えられたのが、電車の性能を飛躍的に向上させることであった。それまで、中央線電車は戦時中から終戦直後に誕生した63形電車や改良型の73系電車という4扉車が主体だった。ドア配置などは混雑する乗客の流動に適した配置だが、走行性能面では加速度や減速度が低く、車内の内張りが木製の半鋼製車がほとんどだった。私鉄では昭和20年代中ごろから性能向上を目指して各種の車両試験や試作が行われ、在来車に一時的に新しい試作部品の取り付けを行って現車実用試験を繰り返し実施して、次世代電車へのデータを着々と積み重ねていった。

私鉄での高性能量産電車の誕生は、昭和29年(1954)に登場した営団地下鉄丸ノ内線用の300形が最初だった。同時期には京阪電鉄や東急電鉄など、各地で高性能電車が続々と誕生していった。高性能電車と従来車との相違は、小型高速モーターの採用および台車装架方式、減速歯車の構成方式(カルダンドライブ)、2両1ユニット式電動車(MM'方式)、発電ブレーキ装備、電磁弁操作の直通空気ブレーキ方式、車体の軽量化、プレス鋼板の溶接台車などがあげられた。このうち、車体の軽量化と台車構造の変更は数年前から試作され実用化されていた。

国鉄も昭和20年代後半から各種の研究を行ってきたが、実際に車両を製造すると私鉄の両数とは比べものにならない両数を製造することになるので、慎重を期し、私鉄での新しい電車の使用実績をふまえて設計製作に移っていった。

その結果、昭和32年（1957）に試作車のモハ90形10両が誕生した。この電車の車体は、同じ年に造られたモハ72形・クハ79形の920番台車で導入された全金属構造を発展させたものであったが、両開き扉の採用や大型のアルミサッシの窓とあいまって、明るい感じの電車となった。

性能的には従来車とは全く異なり、私鉄や国鉄で研究されていたものから中央線用としてふさわしいものをチョイスして装備した。性能や制御システムも異なるので、従来車との連結はできない。私鉄ではこれらの新しいシステムを装備した電車を一般的に高性能車と呼んだが、国鉄では従来車と区別するということから、「新性能車」と呼んだ。ただし、登場時には車両番号の付け方が従来車と同じ方式だったため、モハ90形と総括的に呼ばれるが、厳密にはモハ90000形（奇数車）、モハ90500形（偶数車）、モハ90000形（偶数車）、モハ90500形（奇数車）の4車種が存在した。このうち90500番台は運転台付き電動車である。

## モハ90形の誕生と性能試験

試作されたモハ90形は10両編成で、基本編成が8両、付属編成が2両だった。全車が100kWモーターを装備した電動車（うち4両は運転台付き）で、当時の考え方として少出力で高速モーターを全車に装着し、高加速や発電ブレーキによる高減速、さらに高速走行性能を得ることを目指した。

モハ90形もこれをふまえて全車電動車として製作されたが、変電所容量に余裕がなく、量産車からは10両編成中の2両を付随車サハ98形にすることになった。

試作モハ90形は完成後は新しいメカニズムの耐久性能試験や高速走行試験などが行われた。その後、昭和32年（1957）10月から11月にかけて、東海道本線の各地で高速度走行試験が実施された。これはモハ90形の性能試験ではなく、長距離高速電車「こだま」形電車として昭和33年に実現する）を製造するための基礎データを得るための試験だった。

代々木駅に到着した東京行きのモハ90形電車。まだデータイムの急行（現・快速）運転が行われる以前の姿。
昭和34年1月7日　写真：荻原二郎

この高速走行試験では、空気バネ台車を1両分試作して装備、歯数比の変更、電動車1ユニットのモーターを取り外して代用付随車化、新開発のパンタグラフを取り付けなど、各種の改造をともなった本格的な試験だった。これらの試験結果から、一部はのちに量産される101系電車にフィードバックされたものもあった。この走行試験では135km/hの高速を記録している。

試作モハ90形は昭和32年（1957）7月1日に落成したが、各種の試験に供用されたため、営業運転に使用されたのは同年の12月16日からであった。このときは変電所容量の関係から基本編成の8両編成での運転だった。翌年1月からは10両編成での使用になったが、高加速性能を犠牲にして（限流値を低く抑え制御装置の自動進段を遅らせた）の運転だった。

使用頻度も1編成しかなかったので、一日に3往復しか使用されなかったが、外部塗色が国鉄通勤形では初めてオレンジ色となったことから、目立つ存在になり、静かで乗り心地の良い電車として、たちまちのうちに通勤客からの人気が集中した。

なお、モハ90形による輸送改善とは、高加減速性能と高速走行性能によって「スジを立てる」ことができ、運転ダイヤに生ずるゆとりから増発が可能となるというもので、中央線に101系が出揃って形式統一ができれば、運転ダイヤ上の総合的な結果から輸送力が増強できるものだった。また、モハ90形の中央線への投入で従来車の73系を山手線に転属させて17m車を一掃し、17m車は南武線や青梅線の増発用に転用するといった「玉突き転配」が行われて、広範囲な通勤電車区間での輸送力増強も行われることになった。

## 量産車の登場とマイナーチェンジ

翌年昭和33年（1958）からモハ90形の量産車が登場した。試作車のスタイルは側面が雨樋部分まで直線で伸び、角型の大きなベンチレーターを搭載していたのに対し、雨樋は通常型となり、ベンチレーターは丸型のグローブ型に変更された。しかし、パンタグラフはどちらも旧型電車が搭載していたPS13形の系統であった。

そのほか、試作車と量産車では乗務員室扉の両側に付けられた手摺や、運転室と客室との仕切板の窓形状、両開き扉のガラス

右は中央線上り快速列車101系、左は中野から地下鉄東西線乗り入れの301系。高円寺―阿佐ケ谷　昭和47年9月　写真：塚本雅啓

形状、戸袋窓、扇風機取り付け部分の天井などが微妙に異なっている。

編成は基本8両＋付属2両で試作車と同じく全車が電動車（うち4両が運転台付き）で、付属編成は試作車編成と同じく東京側に連結されていた。

10両編成はラッシュ時のみに使用され、ラッシュ輸送の時間帯が過ぎると東京駅や電車区が併設された駅で付属2両を切り離して8両で運転していた。昭和34年（1959）11月のダイヤ改正からはデータイムにも急行（現・快速）運転が行われるようになったが、運転区間は東京―立川間で、立川―浅川間は付属編成を使用した2両または4両編成で運転されていた。

昭和33年度（1958）製のモハ90形からは、基本編成の電動車ユニットを全電動車の4ユニットから3ユニットとし、代わりにサハ98形（偶数車・奇数車）2両を編成に組み込んだ。これにより、電動車率は10両編成で8M2T、8両編成で6M2Tとなった。しかし、将来は全電動車化を目指すことも考慮して、台車は電動車用DT21形（モーターの取付けはないが取付座のあるDT21T）を装備し、床にはモーター点検蓋もあった。また、サハ98形の偶数車には

パンタグラフ取り付け用の台座が屋根上に造られていた。

昭和34年（1959）6月には、各種の新性能車が登場したこと、旧型電車の車号が行き詰まってきたことなどから、電車の改番が大規模に行われた。新性能電車は形式が3桁となり、車号の間にはハイフンを付ける新しい附番方法が取り入れられた。これにより、

モハ90000形（偶数車）→モハ100形（M'）
モハ90000形（奇数車）→モハ101形（M）
モハ90500形（偶数車）→クモハ100形（M'c）
モハ90500形（奇数車）→クモハ101形（Mc）
サハ98000形（偶数車）→サハ100形（T'）
サハ98000形（奇数車）→サハ101形（T）

このように改番された。また、運転台付きの電動車はモハからクモハに分けられることになった。

## 編成変更と使用線区の拡大

昭和34年（1959）11月のダイヤ改正では、中央線から青梅線への直通運転も開始された。8両編成の101系が青梅まで乗り入れたが、変電所容量が小さかったため6M2T編成のうちさらに電動車1ユニ

武蔵野線開通で新設された西国分寺駅に進入する101系快速東京行き。この時期は201系を大量増備中で、101系はすでに追われる身になっていた。　昭和58年10月8日　写真：巴川享則

トの主回路をカット扱いにして、4M4Tとして運転していた。

昭和35年（1960）11月のダイヤ改正では、それまでの基本7両＋付属3両の編成を基本8両＋付属2両に変更した。この編成は、昭和54年（1979）に登場した201系の試作車（量産車は基本6両＋付属4両）まで続いた。このMT比の変更で、かなり経済的な運転ができるようになったが、スピードが犠牲になったことは否めない。また、この改正で付属編成が3両になったことから、付属編成にはクハが1両組み込まれることになり、基本編成も電動車1ユニット2両を抜き、付随車1両を差し込むという複雑な組成替えが行われた。なお、この時点で中央線用の電車は旧型電車からオール101系化された。

昭和36年度（1961）からは中央本線の高尾以遠へ直通する電車として、パンタグラフ部分の屋根を低くしたモハ100形とクモハ100形の800番台が登場。甲府までの長距離や相模湖までの臨時電車などに使用された。また、昭和37年（1962）夏季からは、山手貨物線経由で東海道本線に乗り入れ、海水浴臨時電車として大磯や小田原行きとして使用された時期もあった。

## 中央線以外の101系使用線区

101系（登場時はモハ90形）は、中央線の輸送力を高める切り札として、新しいメカニズムを搭載して誕生した。車体色にオレンジ色を採用したことから「きんぎょ」などと呼ばれて親しまれ、当時としての性能面の良さや優れた居住性が、通勤客から好評をもって迎えられた。

101系電車の評判は中央線以外の通勤客にも知られ、東京地区だけでなく、大阪地区でも101系の導入を希望した。国鉄が作成した101系の製造計画では、「将来の東京や大阪地区での大量輸送機関としての標準形となる新型電車（新性能電車）」と位置づけていたので、昭和35年（1960）の年末に大阪の城東線（大阪環状線の開通は昭和36年4月25日）に投入された。城東線は新設区間と西成線を統合して大阪環状線（環状運転の開始は昭和39年3月22日）となり、独立した桜島線とともに101系は主力車となった。

東京地区では、昭和36年（1961）9月に中央線用のオレンジ色の101系が山手線に貸し出され、運転の習熟を兼ねて営業運転に使用された。山手線用の101系の登場は同年の10月からで、車体色はカナリヤ色だった。編成は4M3Tの7両編成だったが、翌年には編成替えの上、6M2Tの8両編成になった。山手線への101系投入よりも中央・総武緩行線（線路名ではなく運転系統名）への投入が先に計画され

大阪環状線に投入されたクモハ101形を先頭にした101系6連。運転席窓の黒いHゴムが特徴。1・2両目、5・6両目は中央線からの転属車。　昭和39年3月30日　写真：久保 敏

黄色い塗色で山手線で活躍していた頃の101系。渋谷駅　昭和36年11月10日　写真：久保 敏

ていたようだが、運賃値上げの問題や、PRの効果周度などから、将来に山手線用の103系電車を開発するまでの繋ぎとして、101系電車が投入されたという話がある。

山手線での101系の活躍時期は短く、昭和38年（1963）に103系の試作車が誕生、翌年には量産車も完成して活躍を開始した。101系は103系の増備とともに、順次、中央・総武緩行線へと転出していき、昭和39年（1964）からは8両編成にクハを2両挿入して10両編成化（昭和44年に完了）した。

昭和44年（1969）からは南武線に進出して6両編成で活躍。また昭和45・46年には京浜東北線から101系が転属して、103系に混じって運用を開始した。この時期には千葉鉄道管理局内の房総東・西線（現・外房線・内房線）や総武本線・成田線の電化区間が延びていき、一部の列車が中央・総武緩行線から直通快速として木更津や成田まで足を延ばしていた。

昭和40年代の後半になると、冷房装置を搭載した103系が続々と増備され、101系の一部は南武線や、昭和48年（1973）4月1日に開通した武蔵野線へ転属していった。武蔵野線用101系電車の所属

は中央線の豊田電車区である。同線はトンネル区間（地下区間）が存在するため、「A基準化改造」（難燃化対策）を施し、車号も1000番台に改番された。

## 特別快速の登場と冷房改造

中央線の101系は、車種や番台による
バリエーションが増加し、ラッシュ輸送に
威力を発揮していたが、新形式の103系
の誕生や並行私鉄とのサービス競争など、
いろいろな要因から車両面での改造、ダイ
ヤ面での新設が行われた。

まず行われたのはダイヤ面でのサービスアップで、昭和42年（1967）7月から東京—高尾間でデータイムに「特別快速」の運転を開始した。この特別快速は並行する京王帝都電鉄（現・京王電鉄）京王線・高尾線との競争にうち勝つために登場したもので、東京—中野間は他の快速と停車駅は同じだが、中野—立川間では三鷹のみに停車、立川以遠は各駅停車だった。三鷹では快速（中野以西では各駅停車）を追い抜き、従来の快速よりも所要時間を約10分短縮した。

特別快速は、運転開始当初は冷房装置のない一般的な101系が使用されていた。

# オレンジ色の電車半世紀

掘り割りの土手に咲く満開の桜の花を見ながら高尾を目指す冷房改造車による101系特別快速。最後尾のクモハ101形の前照灯までがシールドビーム2灯に改造されている。東中野〜中野　昭和55年4月　写真：塚本雅啓

白地にブルーのフチ取りと文字のヘッドマークを掲げた特別快速101系。東京駅　昭和47年10月　写真：塚本雅啓

## 103系の投入と冷房化率の向上

好評の冷房改造車ではあったが、101系の初期車は、この時点で車齢が14年を経過していた。電源装置や冷房装置の本体を搭載することなどは考慮されていない設計であったため、101系の冷房化改造は全車におよぶことはなかった。

中央線においても、冷房化は103系により促進されることになった。103系電車は、もともとは山手線等駅間の短い線区用に設計され、出力を上げた低速モーターと大きな歯車比のギアにより、MT半々の経済的な編成で適正な加速度と減速度を得るよう計画された。電車の性能を大都市圏内をモデルにして平均駅間距離で約1.3kmと設定して計画したため、郊外区間では高速性能を要求される中央線では、103系は車両性能上からは無理が生じることが危惧された。しかし、前記のような車両需給の事情や冷房化率のアップ、ラッシュ時で威力を発揮するなどから、昭和48年（1973）3月から中央線にも103系電車

が登場した。

冷房改造が施された101系は、デイタイムに運転されていた特別快速の運用に重点的に入れられ、特別快速が運転されない朝や夜も、特別快速を担当する電車の運用によって、通勤時間帯にも冷房改造車が走ることから、「冷改車のスジ」を乗客が探り当て、その電車の混雑度が上がってしまうと言うこともあった。

通勤形電車に冷房装置が搭載されたのは、昭和45年（1970）7月に山手線に投入された103系（10両編成1本）の試作冷房車が最初だった。当時は乗客が多く、4ドアという扉数と開閉する間隔が短いこと、窓が開閉可能なことなどから通勤形電車の冷房化はむずかしいとの考えがあったが、試作車に乗車した通勤客などからは大好評で、改良を重ねた結果、近郊形と共に冷房装置を標準装備することになった。

昭和47年（1972）には中央線用の101系に冷房装置を取り付けた10両編成が登場し、以降、103系の新造車は冷房装置を搭載して造られ、101系および103系の未搭載車には順次冷房装置を搭載していった（冷房改造車、略して冷改車と呼んだ）。

昭和48年4月開業の武蔵野線用として101系（1000番台に改造）を捻出するために昭和47・48年度に103系最初の量産型冷房車が山手線と共に新製投入されたが中央線における103系活躍の第一歩であった。ほとんどは新車であったが、一部のサハ103形はサハ101形の改造車（750番台）もあった。103系新製投入の昭和48年夏季に特快の冷房化率はほぼ1

00％となった。また、山手線や京浜東北線は保安装置にATCを導入することが決まり、それに対応する103系を新たに製作することとしたため、昭和52年度には京浜東北線からクモハ103形を先頭とする7+3の10両編成（全車冷房改造済み）が転入した。翌年には新製中間車と山手線の非冷房・低運転台のクハを冷房改造の上組んだ10連も登場した。なお、ATC化と関

西地区への103系新製冷房車の先頭車捻出に関連して山手線同様のATC準備、高運転台のクハが、新製の量産冷房車編成の先頭に立った時期もあった。昭和55年には高運転台で非ATCというニュータイプのクハを先頭とする新製車が登場したが、一部のサハ103形は冷房改造済のサハ101形を改造転用し、750番台で行先表示器なしという、こちらもニュータイプが誕生した。

103系の新製、転入で中央線の冷房化率は大幅に向上し、特別快速を中心に使用された。最盛期には中央線用の電車の約半数近くまでを103系が占めたが、「省エネ電車」と呼ばれた201系の誕生で昭和58年（1983）3月までに中央・総武緩行線や南武線、青梅線などへ転用され、中央線での運用（中央・総武緩行線の三鷹乗り入れと武蔵小金井電車区への入出庫時

高運転台のクハ103を先頭にした上り特別快速電車。立川駅　昭和55年7月25日　写真：久保 敏

101系のさよなら運転が7連で運転された。
国立駅　昭和60年4月29日　写真：毛呂信昭

## 「省エネ電車」の開発

昭和43年（1968）に日本で最初のサイリスタチョッパ制御を採用した電車が誕生した。営団地下鉄千代田線用の6000形試作車である。

この制御システムは、従来の電車が車載している抵抗器とモーターとの繋ぎ替え（進段は自動的に行う）によって直流モーターに掛かる電圧を制御したり、界磁率を制御してスピードを上げていく方式だったのに対して、サイリスタチョッパ制御は電圧は一定とし、モーターに流れる電流の時間をコントロールすることで速度を変えていく方式である。時間といっても何百分の1秒というきわめて短い時間で、電流が流れている時間の積分値によってコントロールするエレクトロニクスを応用した制御方式である。

地下鉄車両での採用が早かったのは、従来の抵抗器を使用した制御方式だと抵抗器が発熱し、電気エネルギーのロスが起きること、発熱によってトンネル内の温度上昇が起こることから、極力発熱を抑える非抵抗制御システムが開発されていった。

いわゆる「チョッパ制御方式」には、電機子チョッパ方式と界磁チョッパ方式がある。チョッパ制御装置を、電機子とつながる界磁を流れる主回路に置いたものが電機子チョッパ方式、分巻界磁の回路に設置したものが界磁チョッパ方式で、営業車両では界磁チョッパ方式が先に実用化されたが、電機子チョッパ制御電車は、制御器から発生する不快なハウリング音、障害電波などありその対策にかなりある時間をかけて克服したといわれている。

国鉄での導入は私鉄よりも遅く、昭和54年（1979）に201系の試作車が中央線の次世代電車として誕生した。ブレーキ方式に電力回生ブレーキを備えて、ブレーキ時には発生した電力を架線に返し、他の電車がその電力を使用することでブレーキ力を得ることから、「省エネ電車」と名付けられ、各方面から注目されていた。201系試作車は10両編成で、2つのメーカーからクモハ200形を含む5両ずつが搬入された。その後、基本7両＋付属3両に組み替えられ（8M2T）、同年8月から営業運転に就いた。

## 201系の量産化とマイナーチェンジ

201系の量産車は昭和56年（1981）7月に第一陣が三鷹電車区に到着、同年8月20日から営業運転に就いた。量産車と試作車との大きな差は、編成が試作車は基本7両＋付属3両だったのに対して、量産車は基本編成も付属編成も両端がクハを連結した基本6両＋付属4両になったことである。パンタグラフは、試作編成ではモハ201形に2基搭載されていたが、量産車は1基となり、同時期に登場した185系同様ユニットの外側に搭載されている。なお編成は基本6両＋付属4両の10両編成のほか、10両貫通編成も登場した。

そのほか運行灯の表示方法や手摺、戸袋付きの側窓の形状が若干異なっている。バランサー窓の形状は踏襲されている。

量産車は昭和60年（1985）3月の増備までで中央線快速と中央・総武緩行線用の増備が終了した。これによって中央線用の101系は営業運転から姿を消した。量産途中で変更された機器類としては、昭和57年度（1982）からチョッパ制御装

平成8年（1995）3月からは前面に取り付けられている運行灯のLED化改造工事が開始された。搭載されたパンタグラフも登場時はPS21形を取り付けていたが、高尾以西のトンネル断面の小さい区間へ直通運転するため、6両・4両編成の一部（後に全部）のモハ201形は折り畳み高さが低いPS24形に取り換えられ、直通専用編成として区別された。また、平成9年（1997）には高尾以西直通編成の下り側モハ201形のうち6両に早朝運転用の「霜取りパンタ」が搭載された。

10両貫通編成のPS21形は平成12年（2000）以降シングルアーム形のPS35C形に交換された。

置とコンデンサーが変更され、そのほかクーラーキセがステンレス製になった。

201系の試作車編成は、昭和58年（1983）に量産車化改造が施され、機器類などが統一されて量産車との混結運転が可能になった。

前面に掲出されていた「特別快速」などのヘッドマークは当初は引っ掛け式を使用していた。国鉄末期に一時期使用をやめていたが、昭和62年（1987）にスライド方式のサボとして復活し、平成5年（1993）からは編成の両端車は電照式へと変更された。

平成3年（1991）には分割を行う基本6両＋付属4両の連結部分のクハ（4号車と5号車）の連結器が、運転台から開錠できる自動解結装置を装備した電気連結器付きのものに取り換えられ、分割併結の時間短縮が図られた。

平成4年（1992）からバックアップシステムとして停車駅通過防止装置が設置された。また、平成元年（1989）から設置されたATS-P形の車上子が運転台直下にあるため、保護用のスカートが、平成4年から先頭車に取り付けられ、201系の先頭車の表情が大きく変わった。

## 他線直通の定期化と臨時電車

東京を起終点とした中央線の201系が定期列車として直通した線区には、青梅線、五日市線、八高線などがある。このほか、中央

デビュー直後の201系。この編成は10両貫通編成である。前面にはまだヘッドマークを差し込む表示装置やスカートが取り付けられていない。国立―西国分寺　昭和61年5月　写真：塚本雅啓

# オレンジ色の電車半世紀

線の高尾から先、大月まで、さらに大月から富士急行へ乗り入れて河口湖までと運転範囲は拡大していった。

青梅線への直通の始まりは、昭和57年（1982）11月のダイヤ改正からで、101系から引き継いで運用されるようになった。編成は10両で通し運転され、ホーム長の関係で青梅折返しとなった。

五日市線への直通は、八高線の八王子―高麗川間の電化が完成した平成8年（1996）3月から開始された。下り列車は東京から青梅線に乗り入れ、拝島駅で編成を分割、前側の基本6両は武蔵五日市行き、後ろ側の付属4両は高麗川行きとなって発車する。拝島駅の停車ホームは五日市線用の1番線で、高麗川行きは青梅線の上下線を横断して八高線に入っていく。上り列車は青梅線の上りホームで併結する。

高尾以遠への直通は、昭和60年（1985）10月から始まった高尾―大月間の休日運転の臨時電車からである。折り畳み高さの低いPS918形パンタグラフを試作し、事前に甲府までの入線試験も行われた。定期電車としては翌昭和61年（1986）11月からで、東京―大月間で開始された。

さらに平成2年（1990）3月からは、大月から富士急行線へ直通し、東京―河口湖間をロングランする定期電車が設定された。富士急線内は4両編成で運転されるため、大月で基本編成と付属編成を分割併結する作業が行われる。

臨時電車では、101系電車で運転していた当時から親しまれていた青梅線と五日市線直通の行楽電車も201系が引き継いだ。ま

青梅線と五日市線の専用に使われる201系は前面と乗務員扉にロゴが入っている。拝島駅　平成13年4月24日　写真：五味 久

201系を改造して展望電車「四季彩」が誕生した。
河辺駅　平成14年5月3日　写真：巴川享則

## 他線でも活躍する201系

201系は中央線用の電車として開発され、増備を続けてきたが、御茶ノ水―三鷹間で併走する中央・総武緩行線が走る線路にも早朝や快速が半減する深夜に中央線「各駅停車」として運行している。両運行系統は密接な関係にあるので、以前から車両の共通性があり、かつては両線の車両が同じ電車区に同居していたこともある。

中央・総武緩行線用の201系が配属されたのは、昭和57年度（1982）増備車で、基本6両＋付属4両の10両編成4本だった。中央・総武緩行線の201系はその後も増備されたが、昭和59年度に最終グループとして投入された6本は「軽装車」と呼ばれ、ほどの変身を遂げた。

た、付属編成の4両の車内の座席や窓を改造して、展望電車の「四季彩」が誕生した。座席は多摩川沿いの片側をロングシートからクロスシートに取り換え、窓もワイドなものに交換された。外部塗色はホワイトをベースに、沿線に咲く花のイラストをあしらいカラフルになった。4両編成で青梅―奥多摩間を中心に運転されているが、運用の関係で一部の列車は立川発着となる。

アコモデーション関係が中央線用のものに比べると簡略化されていた。特に目立っていたのが窓で、中央線用の201系は上段窓がバランサー付きの下降式だったのに対して、「軽装車」は上段窓はバランサー装置がなく、上昇式だった。（行き先表示器の部分は下降式）

新製投入と併せ中央線からの転入により、次第に中央・総武緩行線に201系が増えていったが、209系500番台とE231系の登場で青梅・五日市線と京葉線で活躍していた201系は、中央線の電車区である豊田電車区に所属していた。

このほか、201系は京阪神緩行用として関西地区の東海道本線・山陽本線でも使用されていたが、207系の増備で大阪環状線と関西線に転属、車体も体質改善工事を実施してリニューアルされ、側面からでは201系と思えないほどの変身を遂げた。

関西地区に投入された201系はスカイブルーに塗装されて最初は京都―西明石間の普通電車に運用され、後に体質改善でリニューアルされた。現在はオレンジ塗装車が大阪環状線、ウグイス色塗装車が関西線で活躍。山崎―高槻　平成16年6月12日　写真：福田静二

## 中央線の各種快速運転

中央線の快速（昭和36年3月までは急行と称した）は、昭和34年（1959）11月からデータイムも運転されるようになり、昭和48年（1973）頃から夜間の快速運転の時間帯が少しずつ拡大していった。

京王帝都電鉄（現・京王電鉄）と競合する新宿―八王子・高尾間では、停車駅を減らしてスピードアップした「特別快速」を、101系全盛時の昭和42年（1967）7月から運転開始した。「特別快速」は好評を得て、やがて運転時間帯の拡大や運転間隔の短縮が行われるようになる。

中央線の電車がすべて201系化された後の昭和61年（1986）11月には、平日の夜間の下りのみ「通勤快速」が誕生した。中野―立川間では荻窪・吉祥寺・三鷹・国分寺・立川（以遠は各駅停車）に停車する。

平成19年3月から21時台の「特別快速」を「通勤快速」に置き換えた。

昭和63年（1988）12月には、東京―青梅間に「青梅特快」が新設された。中野―立川間は三鷹のみ停車。（国分寺停車は平成5年4月から）このときから従来の「特別快速」は「中央特快」と改称され、運転時間帯が夜間にも拡大された。

平成5年（1993）4月には「通勤特快」が新設された。平日の朝の上りのみ運転で、高尾からは八王子・立川・国分寺・新宿と停車し、以後は快速と同じ。立川と国分寺の間は快速と連絡し、武蔵小金井、三鷹、中野では快速を待避させて通過する。発駅は大月・高尾・青梅（青梅線内は各駅停車。立川からは国分寺・新宿の順に停車）である。

## 中央・総武緩行線の電車

昭和38年（1963）に中央・総武緩行線にも101系が投入され、この時点から新性能化が始まった。車両の変遷は、101系→103系→201系と中央線と同じ道をたどっていくが、単一の系列だけで運転されたことはなかった。

201系は昭和57年（1982）に新製車が初めて投入されて、その後、新製増備車や中央快速線からの転入車で運用された。その中には試作車も含まれていた。

その後、界磁添加励磁制御方式でステンレス車体の205系が加わり、さらに以降はVVVF制御で拡幅車体の209系500番台も転入されていたが、現在では05系と有楽町線から転用された07系に置き換えられている。

このほか、中野―三鷹間には地下鉄東西線との直通運転が行われていて、301系やE231系800番台（のちに1000番台も転入）が使用されている。一方、地下鉄東西線からの乗り入れ車は、5000系から始まり、現在では05系と有楽町線から転用された07系に置き換えられている。

0番台、その発展型のE231系0番台へ移行した。新系列が登場すると、以前から活躍していた系列は、他の線区へと転属していく。しかし、中央・総武緩行線では、全車を一時期に置き換えたわけではなかったので、同時に5系列（103系・201系・205系・209系・E231系）の電車が活躍していたことがあった。

## E233系の登場と201系の動向

平成17年（2005）10月に、JR東日本は中央線の快速電車に新型電車を登場させるというニュースリリースを発表した。VVVF制御システムのE231系をベースにM車比率の向上、主要機器の二重化、

らに山間区間を走るためのブレーキシステムや、耐寒装備を付加したE233系という新型電車である。

ほぼ1年後の平成18年（2006）9月に完成し、しばらくして試運転を開始。同年の12月26日から営業運転に入った。

車体はステンレス構造だが、E231系とはドアの形状や先頭車の前面が異なり、側面の行き先表示も大型で情報量の多いLEDを使用したものが設置されている。ラインカラーのオレンジは、腰板に広幅の帯を、幕板にも帯を張り付けている。

E233系の増備は順調に進み、その結果、平成18年（2006）10月からは運用から外されて余剰となった201系の廃車が始まった。廃車が決まった電車は長野総合車両センターなどに回送され、解体されていった。

平成19年度（2007）でE233系化が完了する予定で増備が進められ、所定の両数に達した。ちょうど、三鷹―立川間の立体化工事が施工中で、平成19年7月1日に三鷹―国分寺間の下り線のみが高架化工事が完成、高架線に移行した。武蔵小金井駅では電車の折返しや車両基地化金井電車区・豊田電車センターに統合）へ

の入庫があり、折返し電車は車両基地への勾配線を下り、上り本線を横断して一度車両基地内に入り、そこで折り返すことになった。この折返しには従来より時間を要することになり、E233系だけでは運用上で不足をきたすため、上り線の高架化が完成するまで、若干の201系が予備車としてしばらく使用されるとのことである。

なお、青梅線で使用されている201系（中央・総武緩行線からの転入を使用）も置き換え対象となり、E233系化される。

青梅・五日市線内専用編成の基本と付属の配列に合わせて、E233系は付属編成の4両を下り側（大月側）に連結（このほか10両貫通編成もある）しているので、この編成に揃えるため基本6両（大月側）+付属4両の201系の一部の編成は、基本編成から6・7号車の電動車ユニット2両を抜き取って付属編成に差し込む編成替えが行われた。基本編成と付属編成を単純につなぎ替えなかったのは、4両目と5両目のクハに自動解結装置付きの電気連結器を装備しているためである。

最新鋭の233系と201系の離合。四半世紀の時の流れの中でメカニズムもスタイルも大きく変化した。
高円寺―阿佐ケ谷　平成19年11月19日　写真：大沼一英

# 中央線の駅今昔

中央線の東京―高尾間は53.1km、その間には両端駅を含めて
明治・大正・昭和期に誕生した32の駅がある。
昭和30～40年代の懐かしい写真と現在の姿を対比し、
各駅に下車しながらその歴史とエピソード、現況を訪ねてみた―。

四ツ谷駅麹町口　昭和40年11月19日　写真：荻原二郎

四ツ谷駅麹町口　平成19年7月5日　写真：山口雅人

文・写真解説　三好 好三

# 東京駅

東京都千代田区丸の内1丁目
東京駅起点0km
【開】大正3年(1914)12月20日
【乗】38万2242人

重要文化財・赤煉瓦の東京駅。中央の3階部分の入り口は皇室専用口で、ふだんは閉鎖されている。現在、大正3年の開業当時の姿への復元工事が進められている。平成19年7月5日　写真：山口雅人

中央線ホームが重層化されてからの0キロポスト。路線の重複を廃止した現在、正式には神田〜代々木、新宿〜名古屋間が中央本線だが、列車運行上の起点として健在。赤煉瓦をイメージしたしゃれたデザインだ。平成20年1月11日　写真：大野雅弘

中央線の旧1番線ホームにあった0キロポスト。中央本線東京〜名古屋間の起点はここ。昭和41年2月3日　写真：毛呂信昭

中央線の電車が東京駅へ乗り入れたのは、大正8年(1919)3月1日のことだった。それまでの中央線のターミナル・万世橋駅から高架の複線を建設して神田、東京駅へと延びてきたのである。

当時の東京駅のホームは4面8線しかなく、丸の内側から1・2番線を山手線、3・4番線を京浜線(現・京浜東北線)、5〜8番線を東海道本線と横須賀線が使っていた。新来の中央線には1・2番線が提供されたので、山手線、京浜線は以後長らく3・4番線を共用することになった。

東京駅乗り入れを機に、中央線と山手線をつなぎ、中野─新宿─東京─品川─新宿─池袋─上野という「の」の字運行が開始された。これは神田─上野間が未開業だったので、とりあえず環状に近い運行となったものである。

大正14年(1925)11月1日に東京─上野間の高架線が開通すると山手線は環状運転を開始、京浜線は上野まで延長運転となって、中央線は他線との縁が切れてしまった。東海道線や京浜線、山手線とは電車の向きが逆だったこともあり、後に他線との渡り線(連絡線路)も切られて、東京駅における中央線は現在に至るまで孤立した

【開】開業日
【乗】平成18年度乗車人員

48

東京駅

中央線ホームの2番線と京浜東北線の3番線との間には東京駅開業当時から側線が1本あって、日中は中央線の付属編成が休んでいたが、昭和32年7月に中央線ホームの拡幅工事が完了して姿を消した。電車は三鷹電車区のクハ16425＋モハ73146。昭和31年6月16日　写真：上原庸行

東京駅の側線で休む「ドアーエンヂン装置車」の札を正面に掲げた付属編成の木製のモハ10025。右は山手線内回りの鋼製モハ30形。中央線には終戦直後まで木製車が残っていた。昭和6年7月18　写真：荻原二郎

1番線で発車を待つ8両編成の最後部。73系の全盛時代だったが、付属編成には戦前型が多かった。写真は昭和25年に更新修繕Iを受けただけで原型を留める三鷹電車区のモハ40023。昭和30年8月18日　写真：巴川享則

関東大震災後は中央沿線の開発が進んで電車区間が伸び、御茶ノ水―中野間が複々線化されるなどして電車の本数も増えていった。昭和10年代には編成も6～7両となっていて、戦後とあまり変わらぬ情景が見られるようになっていた。

戦後はますます通勤通学客が増え、昭和30年代初期には朝のラッシュ時に積み残しと遅延が茶飯事となって、中野―三鷹間のままである。

49

昭和36年3月20日から「急行」を「快速」と改称した。昭和34年頃から中央線ホームだけに見られた当時の大阪鉄道管理局と同じ発車案内表示機。書体も大鉄局のものだった。当時は関西のサイン類の方が一歩進んでいた。昭和36年3月24日　写真：巴川享則

101系全盛時代の東京駅1番線。この時期には基本7両十付属3両の10両編成になっていたが、これは休日の東京競馬場前行き臨時電車のため7両編成。昭和38年5月26日　写真：上原庸行

複々線化が突貫工事で行われた。東京駅の中央線ホームが1本だけというのも致命的だったが、ホームの拡幅と中央線族のマナーの良さに頼ってしのいで来た。新幹線ホーム増設の余波で中央線のホームは平成7年（1995）7月に3階へ重層化されたが、ホームは1面2線の方式が継承されている。

旧1番線を発車する高尾行き201系特別快速の隣に東京駅の貴賓室が見える。中央線ホームの重層化で今は見ることはできない。前面の大型標識板は101系時代の昭和42年9月から使用されていたが、国鉄末期に廃止された。民営化後の昭和62年に復活し、平成5年4月から電照式のものになった。昭和59年9月23日　写真：久保敏

東京駅に顔を見せる中央線の電車は、戦後だけを振り返っても戦前型の40系、63系、101系、103系、201系と世代交代があり、現在はE233系の時代に入ったところである。

平成19年（2007）5月から重要文化財である赤煉瓦の東京駅の完全修復工事が始まった。最も近い位置にある中央線のホームから美しい姿が望める日も近いことだろう。

重層化工事完成後の中央線ホーム1番線。丸の内側には赤煉瓦の東京駅の三角屋根（今後丸屋根に復元される）、再開発ビル群の「丸の内オアゾ」が見える。平成20年1月11日　写真：大野雅弘

50

東京駅から神田方向を望んだもの。中央線の重層化工事が進行中で、日増しに景観が変わっていった。電車は2番線から発車した快速立川行き201系。平成7年7月1日　写真：五味 久

国鉄本社ビル屋上から見た東京駅。中央線の特快が出発する。昭和43年1月4日
写真：久保 敏

上の写真とほぼ同じ位置から見た現在の姿。中央線は3階に上がり、左の旧中央線ホームは京浜東北線北行き、山手線内回りの3・4番ホームになっている。平成19年6月14日　写真：山口雅人

丸の内ホテルから俯瞰した東京駅。中央線、東海道線、東北新幹線の列車が見える。重層化した中央線の下に山手線と京浜東北線の上野方面行きホームと線路がある。駅を挟んだ八重洲口側の高層ビルは右がグラントウキョウサウスタワー、左が同ノースタワー。平成20年1月11日
写真：大野雅弘

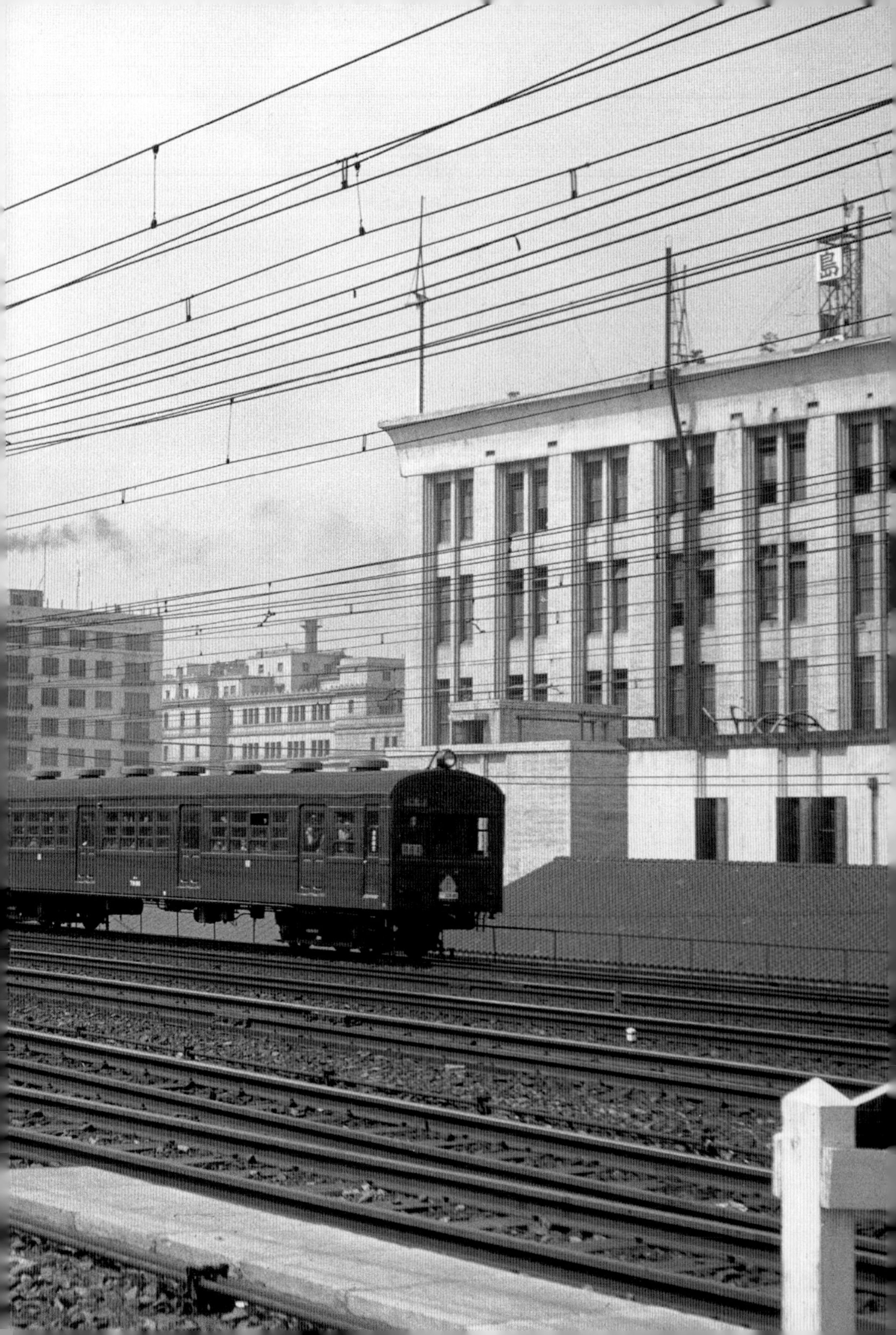
島

東京駅を発車して神田方向へ向かう73系時代の中央線電車。基本5両＋付属2両の7両編成で、当時の標準的な姿。赤煉瓦の東京駅の右に見えるビルは国鉄本社。昭和27年　写真：萩原政男・所蔵：山口雅人

# 神田駅

東京都千代田区鍛冶町2丁目
東京駅起点1.3km
開 大正8年(1919)3月1日
乗 10万6834人

神田駅では大正8年に完成した中央線のホームが最も古い。戦時型の63形を更新したモハ73333を先頭にした東京行きが到着。昭和32年6月9日　写真：上原庸行

昭和42年7月3日から東京―高尾間に特別快速電車の運転が開始された。当初は前面の標示も簡素なもので、運転室内に掲出する方式だったが9月から大型表示板が掲げられるようになった。「特快」という略称はすぐ定着した。昭和42年7月9日　写真：久保 敏

　東京駅を発車した中央線の電車は大手町のビジネス街を左に見ながら新しい高架線の上を走る。やがて従来の赤煉瓦を巻いたアーチ式の高架線に降りると神田駅に着く。スマートだがお堅い感じの東京駅とは対照的に、神田駅周辺は庶民的なサラリーマンの街。ホームから居酒屋やキャバレーの街。ホームから居酒屋やキャバレーン、金券ショップが軒を連ねているのが目に入る。問屋街にも近く、商用で急ぐ人の姿も多い。

　ホームは3面6線で、中央線の1・2番線ホームが最も古く、大正14年(1925)増設の3・4番線ホームを山手・京浜東北線が共用していた。昭和31年(1956)11月に両線が分離、5・6番線ホームが増設された。同時にその東側に東京―上野間の列車線も開通したが、東北新幹線に用地を譲って姿を消した。それを新幹線の上層に復活して東北線と東海道線のスルー運転を行う計画が進んでいる。

　神田駅は新橋(旧・烏森)、有楽町駅と並んで我が国最古参クラスの高架線上の駅で、そのモデルとなった昔のベルリンやニューヨークの高架駅の雰囲気を今に伝えている。

昭和6年(1931)11月に東京地下鉄道(現・東京メトロ銀座線)の神田駅が開業、乗り換え駅となっている。

54

# 御茶ノ水駅

東京都千代田区神田駿河台2丁目
東京駅起点2.6km
🈠 明治37年(1904)12月31日
🈭 10万5954人

御茶ノ水駅の東から万世橋駅(当時)方向を望んだ戦前の風景で、電車は中央線の下り。モハ31形の間に木造車のクハ17形を挟んだ当時の中央線の標準的な基本編成。左は秋葉原方向へ向かう総武線の線路。昭和10年6月19日　写真：荻原二郎

御茶ノ水口(西口)の現在の姿。周辺に大学が多いので学生の姿が多く、隣りの神田、秋葉原、水道橋駅とは雰囲気が違う。平成19年7月5日　写真：山口雅人

現在の御茶ノ水駅は複々線化に合わせて昭和7年7月に完成した。用地が狭いこともあって改築はなく、ほぼ原型を維持している。御茶ノ水橋口(西口)も多少姿を変えただけ。昭和39年6月11日　写真：荻原二郎

　御茶ノ水駅は甲武鉄道がターミナルの飯田町からさらに市街地を延長した後に、駿河台の崖を削って開設した駅である。初代の駅は新宿寄りの御茶ノ水橋西側に設けられ、相対式ホーム2面2線の小規模なものだった。
　万世橋、東京へと路線が延びていった後も変化はなかったが、大正12年(1923)9月1日の関東大震災では駅周辺の崖が崩落した。車窓からは分からないが、早急に復旧した跡が現在も残っていて、神田川の対岸から望むとコンクリートや石積みで補強したやや不自然な箇所が一目でわかる。
　昭和に入ると中央線の御茶ノ水―中野間の複々線化工事と総武線の御茶ノ水乗り入れ工事が行われ、駅は昭和7年(1932)7月1日に東京寄りの御茶ノ水橋東側に2面4線の近代的なホームが完成した。現在も使用されているが、あまり古さを感じさせない。
　都内のJR線では同じホームで同じ方向への乗換えができる「方向別ホーム」の草分けで、上りが東京行きと千葉方面行き、下りが快速電車と普通電車の乗り換え・乗り継ぎが同一ホームでスムーズにできる。昭和29年(1954)に地下鉄丸ノ内線、

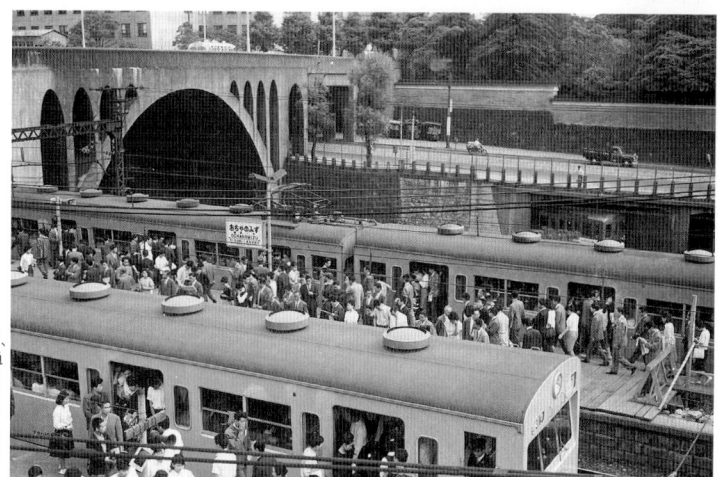

東京寄りを俯瞰。101系全盛期で、手前が総武線からの三鷹行き普通（黄色）、向こうが中央線の快速東京行き（オレンジ）。外濠（神田川）に架かる聖橋と対岸に地下鉄丸ノ内線の電車、その上に湯島聖堂の塀が見える。昭和36年6月11日　写真：荻原二郎

現在は乗り換え階段とホームの上屋が出来たので見通しが悪くなっている。対岸の樹木が育ち、東京医科歯科大学の校舎も高層化されている。平成19年7月20日　写真：山口雅人

右の写真とほぼ同位置だが、ホームが延び、乗り換え階段が設置されたので暗くなっている。東京行きの快速電車もE233系に代わった。平成19年7月18日　写真：山口雅人

聖橋の下、総武線ホームから発車する船橋行きのクハ79025（昭和19年製63系の一期生）ほか7連。ホームの屋根と東京寄りの跨線橋が未設置のため広々とした感じ。昭和32年11月9日　写真：上原庸行

56

御茶ノ水駅

御茶ノ水駅に到着した総武線電車の中野行き。最後部はクモハ41049。旧型車時代の総武線には戦前型の40系が多かった。ホームをまたぐ橋は聖橋　昭和39年6月11日　写真：荻原二郎

ホーム中ほどから新宿方向を見る。たまたま更新出場した17m車の回送電車が停車中。モハ11131他の4連で、前から2両目のクハ16260は池袋電車区の更新出場車で他は牽引車。駅の雰囲気も省線電車時代と変わらない。昭和31年9月4日　写真：上原庸行

やや東京寄りの位置から望んだ現況。ホームが延長されて跨線橋が新設されている。上の橋は聖橋。電車は209系500番台。平成19年7月5日　写真：山口雅人

同44年（1969）に地下鉄千代田線が開通して乗り換え駅になった。

御茶ノ水駅周辺は、江戸時代には昌平黌（湯島聖堂内）を中心に学問の中心地とされ、明治以降は北側に順天堂大学、東京医科歯科大学、南側には明治大学、中央大学、アテネフランセなどが開校して学生街を形成して乗り換え駅になった。

御茶ノ水駅周辺は、江戸時代には昌平黌（湯島聖堂内）を中心に学問の中心地とされ、明治以降は北側に順天堂大学、東京医科歯科大学、南側には明治大学、中央大学、アテネフランセなどが開校して学生街を形成している。

戦前の東京はヨーロッパの都市をモデルとしていたので、聖橋の上や神田川の対岸から御茶ノ水駅と駿河台一帯を眺めるとユトリロの絵を思わせる日本離れした景観が望めた。「駿河台モンパルナス」と呼ぶ人もいたほどだったが、ビルの改築、高層化でアメリカナイズが進み、今ではほとんどその面影も消えてしまった。

クロハ16816を先頭にした各停の三鷹行き。半室が白帯の占領軍専用車が起源で、その廃止後2等車（現グリーン車に相当）となっていた。昭和32年5月17日　写真：巴川享則

架線鉄柱がパイプ製に変わり、崖上のビルも高層化が進んでいる。電車も101系のあと201系が27年間にわたって主役を務めてきたが、E233系との置き換えで姿を消す。平成19年7月5日　写真：山口雅人

総武線の電車がE231系に代わり、背景の順天堂大学と付属病院なども建て替わって昔の面影は線路だけになった。平成19年6月12日　写真：山口雅人

中央線は神田川沿いの駿河台の崖を削って開通した。写真の位置は関東大震災の時に崖崩れを起こした箇所で、その復旧跡と複々線化の折に補強工事を行った跡がよくわかる（P131上段写真参照）。101系への置き換えが進んでいたが、総武線にはまだ旧型の73系、40系が多かった。昭和39年6月11日　写真：荻原二郎

# 水道橋駅

東京都千代田区三崎町2丁目
東京駅起点3.4km
開 明治39年(1906)9月24日
乗 8万6980人

ホーム先端から御茶ノ水方向を望む。101系各停のすれ違いで、下りは黄色の東京競馬場前行き臨時、上りはオレンジ色の東京行き。沿線には戦前からのビルが目立つ。昭和40年5月30日　写真：上原庸行

線路や施設に変化はないが、周辺のビルが高層化されている。快速青梅行きの201系が疾走してゆく。平成19年7月13日　写真：山口雅人

甲武鉄道が飯田町から御茶ノ水まで延長した時に開業した駅。市街線として当初から頻発運転を目指していたので複線で建設され、当駅は神田川に沿った築堤の上に2面2線の相対式ホームで開業した。鉄筋高架化された現在も飯田橋寄りには築堤部分が残っている。

昭和7年(1932)、複々線化に合わせて当時の標準的な電車専用高架駅に改築された。同時期に建設された浅草橋駅、秋葉原駅(総武線ホーム)、関西の大阪環状線の東半分(大阪―鶴橋―天王寺間の旧城東線区間)の各駅と共通性があって、今も戦前型の40系電車が似合いそうな昭和モダニズム風の施設と景観を残している。

駅周辺には日本大学、専修大学、中央大学(後楽園校舎)などの大学や私立の中学・高校が多く、神田神保町の古書店街にも近い。学生の街だが、ビジネスホテルや居酒屋も多い。

後楽園の最寄駅として知られており、現在は小石川後楽園のほか、東京ドームシティ(東京ドーム、ドームホテル、ドームシティアトラクションズなど)が総合的な都心のアミューズメントとして観客、行楽客を集めている。

地下鉄三田線の水道橋駅にも近いが同駅は神田川に架かる水道橋を渡った所にある。

上りホームから飯田橋方向を望む。左の複線は快速線。緩行線を通過した73系の電車は三鷹電車区へ回送される汽車製造会社東京製作所製の新製車。編成は79＋72＋79＋72＋79形。当時の中央線における基本編成用の車両である。昭和31年8月8日　写真：上原庸行

同じ位置からの現況。電車はＥ231系。鉄柱は変わらないが沿線風景は変わった。前方の橋は首都高速5号池袋線。この付近は軟弱地盤のため関東大震災のとき大陥没を起こした。旧飯田町駅は高速道路下を過ぎてすぐ左側付近にあった。平成19年8月3日　写真：山口雅人

現在はＥ231系がこの駅の主役になり、東京ドームや遊園地のお客をさばいている。駅は周囲のビルにすっかり囲まれてしまった。平成19年7月18日　写真：山口雅人

水道橋駅は典型的な戦前の省線電車専用タイプの駅。どの形式もこの駅に入ってくると都会的なダンディーぶりを発揮した。101系もその一員だった。昭和40年8月22日　写真：上原庸行

# 飯田橋駅

所 東京都千代田区飯田橋4丁目
㋞ 東京駅起点4.3km
㋙ 昭和3年（1928）11月15日
㋄ 8万8891人

駅前は目白通りと外堀通りの交差点でなかなか賑やか。この一帯は狭い土地の有効利用が巧みで、昭和40年代にはかなり過密化していた。昭和44年11月22日　写真：荻原二郎

高層化が進んでオフィスを構える企業も増えたが駅のたたずまいそのものはあまり変化していない。平成19年8月15日　写真：山口雅人

中央線複々線化の際に、旧牛込駅と飯田町駅（電車ホーム）を統合し、「飯田橋」駅を新設したもの。外濠に架かる牛込橋から長いスロープの通路でホームに達する西口が旧牛込駅の名残で、目白通りに面した東口が旧飯田町電車駅の名残である。

急カーブの位置に島式ホームが築かれたため電車の乗降扉との間が広く開き、昔も今も転落防止のための放送と標識類が多い。

飯田橋駅の北側は飯田濠という外濠だったが、埋め立てられて飯田橋セントラルプラザ・ラムラ（RAMRA）のビルが建ち、店舗と都の関連団体、住宅に使われている。

車窓から見ると質素な駅と地味な街に見えるが、西口から外堀通りに出れば目の前が神楽坂で、明治の面影を色濃く残しているところから近年は訪れる人が増えている。西口からは日本歯科大学、東京理科大学、日仏会館も近い。駅の周辺には研究社、角川書店、秋田書店などの出版社も多く、旧飯田町貨物駅跡にはホテルのほか、ビジネスビルが立ち並んでいる。地下鉄は東西線、有楽町線、南北線、大江戸線が飯田橋に集まっていて交通至便なため、ここに本社を置く企業も増えた。飯田橋は見かけよりも活気に満ちた街といえよう。

手前が都電の走っていた外堀通り、左下が神楽坂方面。牛込濠と中央線の線路を越えてゆく橋が牛込橋。橋の下から右の濠端にかけてが旧・牛込駅の跡地である。橋の上に飯田橋駅の西口駅舎が見える。そこからゆるやかに左へ下る長いスロープの通路とカーブを描いた飯田橋駅が見える。その先のカーブ右側一帯が旧・飯田町貨物駅。駅の左側の小さな水面が旧飯田濠で、現在は埋め立てられて「セントラルプラザ・ラムラ」のビルが建っている。昭和38年11月8日　写真：三宅俊彦

急カーブの東京寄りホームに進入してきた総武線から東京競馬場前へ向かう73系臨時電車。昭和38年5月26日　写真：上原庸行

ホームの現況。快速線を東京駅へ向かうのはE257系の回送列車。折り返し東京始発の特急「かいじ」として甲府へ向かう。カーブの右側に旧飯田町駅（貨物）が広がっていた。平成19年7月23日　写真：山口雅人

62

# 市ケ谷駅

| | |
|---|---|
| 開 | 明治28年（1895）3月6日 |
| 乗 | 5万8982人 |

東京都千代田区五番町
東京駅起点5.8km

飯田橋—市ケ谷—四ツ谷間の外濠沿いの区間は線形も良いので、快速電車はスピードを上げる。この付近の架線柱は昭和初期以来の木柱だったが、コンクリート柱への交換が進んでいた。昭和38年2月9日　写真：上原庸行

201系もこの区間では高速で通過していた。架線柱のビームがパイプになり、コンクリート枕木が緩行線（左）、快速線（右）ともに最新型になっている。平成19年8月7日　写真：山口雅人

甲武鉄道の電車専用駅として開業した時は相対式ホーム2面2線の小駅だったが、複々線化時に島式の1面2線ホームになった。

飯田橋駅西口（牛込橋）から四ツ谷駅まで続く外濠に沿って走る区間は都内でも指折りの景勝地。都心の緑が大切にされるようになってからは外濠斜面の松と桜、外堀通り沿いの桜の手入れが良くなったので、花の季節には桜の花と外濠の水と電車の取り合わせが特に美しく見える。

駅の南側には靖国神社、法政大学、大妻女子大学があり、外濠を越えた北側には防衛省、陸上・海上・航空の各幕僚監部があって、自衛隊の中枢となっている。市ケ谷から神楽坂にかけてはJTBパブリッシングをはじめ出版社、印刷会社が多く集まっている。

都電が走っていた頃は、戦前は4輪単車の400形、戦後は小型の700形が外堀通りを行く姿が見られた。外堀通りから分岐して靖国神社方面へ向かう都電は急カーブと勾配が続いていたので市ケ谷駅前には停留場がなく、都内でも珍しい駅前風景になっていた。現在はお濠の下に地下鉄が走り、市ケ谷駅は地下鉄有楽町線、新宿線、南北線の乗り換え駅となっている。

中央線が外濠に沿って走るこの区間は都内でも有数の美観地区。四季折々の花と緑が美しい。この時期にはまだ樹木が少なく、都電の廃止前には対岸の外堀通りをのんびり走る姿がよく見えた。昭和37年6月14日　写真：三宅俊彦

駅舎から通路が右に続き、階段を降ると島式ホーム。利用客が多い割には質素な設備で、駅前の靖国通りも勾配とカーブになっているため、都電の駅前停留場はなかった。昭和39年5月17日　写真：荻原二郎

現在では都営地下鉄新宿線、東京メトロ有楽町線・南北線の連絡駅になり、乗り換え客も多くなって駅は一新した。駅前の丸屋根の建屋は地下鉄への入り口階段。平成19年7月5日　写真：山口雅人

# 四ツ谷駅

東京都新宿区四谷1丁目
東京駅起点6.6km
開 明治27年（1894）10月9日
乗 9万0063人

東京方向を望む。左の101系が中央線快速電車、右の旧型73系電車が中央・総武緩行線電車。ホームの部分は旧市ヶ谷濠を埋め立てて建設されたもの。それを越える初代の四谷見附橋がメカニックな美しさを見せ、ホームとよく調和していた。昭和37年1月13日　写真：久保　敏

当駅開設にあたっては外濠最大の面積を持っていた市谷濠の一部を埋め立てて、上下線が千鳥式に食い違った相対式の旅客ホームと、濠側に貨物扱い所が設けられた。昭和4年（1929）の複々線化の時に島式ホーム2面4線に改められ、貨物扱いは廃止された。

中央線の新宿―東京間における要衝駅で、中央快速線、中央・総武緩行線ともに利用客が多い。快速と普通の所要時間の差は1駅の停車につきマイナス1分程度なので、三鷹あたりまでの利用客には比較的空いている各停を利用する人も少なくない。

四ツ谷駅といえばホームの上をまたぐ鋼製アーチの四谷見附橋が有名だったが、大正2年（1913）生まれだけに老朽化が進んだのと、新宿通り（甲州街道）の拡幅に伴って平成3年（1991）に二代目のアーチ橋に架け替えられた。旧橋は八王子市内の多摩ニュータウン内に移設され、「長池見附橋」として現役保存されている。

かつては下り電車が発車して御所トンネルに入る直前に、左側にちらっとお濠の姿が目に入ったものだった。これは紀尾井坂近くの食違見附まで続く真田濠という外濠の一部だったのだが、戦災後の瓦礫で埋め

緩行線ホームからまだホーム屋根のなかった快速の下り線新宿方向を望む。この日は珍客到来で、木造の軌道試験車オヤ19820を挟んだ3連が停車中。当時日中は急行（現・快速）電車の運転がなかったので、このようにのどかな光景も見られた。最後部は鋼体化グループのモニ13033。昭和31年6月29日　写真：上原庸行

四ツ谷駅には駅舎が3ヵ所ある。麹町口は上智大学、イグナチオ教会に近く、駅前に四谷見附跡がある。四ツ谷口は新宿方向の商業地域、ビジネス街に面している。赤坂口側は紀尾井町への道で、上智大学の旧校地だったが、中央線四ツ谷駅の建設にあたり、外堀の中に高架橋が立てられ、その費用を負担した上智大学のグランドになった。現在は駅施設が増えたため、そのグランドも下り緩行電車から瞬間的に見えるだけになっている。

上の写真と同位置。下り快速線から発車する201系の中央特快高尾行き。地下鉄2路線との連絡路開設で駅の施設が大規模になり、ホームは谷間に埋もれた印象をうける。平成19年8月7日　写真：山口雅人

駅舎が改築されて駅ビル「アトレ」に変身。やや地平に近づいたが、改札口は低い場所にある。地下鉄南北線の乗り換え口でもある。平成19年8月15日　写真：山口雅人

新宿方面への駅舎で、台地の斜面中腹にある。改札を出て少し坂道を登ると外堀通りと新宿通り（甲州街道）の交差点。ビジネス客が多い。昭和40年11月19日　写真：荻原二郎

# 四ツ谷駅

快速線下りホームに単行のモハ40054が停車中。この電車は現在、青梅鉄道公園に静態保存されている。頭上の鋼製の橋は旧四谷見附橋。昭和32年3月30日　写真：上原庸行

上の写真と同じ位置の下り快速線ホームに進入してきた中央特快高尾行き。四谷見附橋も幅の広い橋に架け替えられている。平成19年8月7日　写真：山口雅人

坂口は地下鉄丸ノ内線、南北線の乗り換え口でもあり、迎賓館、学習院初等科に最も近い。
この赤坂口は駅前の広場が新宿区と千代田区の境界線になっていて、千代田区が歩行禁煙を先に条例化した時は、「ここから先はタバコが吸えません。ここで消してから駅へお進みください」という看板と大きな吸殻入れが用意してあった。

地下鉄2本との連絡駅になり、利用客も増えてきたので駅舎はすべて改築され、麹町口も丸屋根のモダンな姿になった。平成19年8月15日　写真：山口雅人

四ツ谷駅は四谷見附橋の下にホームがあるので、地上の駅舎からホームへ降りてゆく。主要駅ながら主力の麹町口は簡素な造りで、駅前広場も狭かった。昭和40年11月19日　写真：荻原二郎

67

# 信濃町駅

東京都新宿区信濃町
東京駅起点6.6km
開 明治27年(1894)10月9日
乗 2万8064人

四ツ谷方向を望む。101系7連の東京競馬場前行き臨時列車が入線してくるところ。右の片面ホームは東京オリンピックの時に国立競技場その他会場への観客乗降のために設けた臨時ホーム。昭和38年5月26日　写真：上原庸行

左は工事中の首都高速4号新宿線。下り各停の電車は総武線からの直通車で、73系と40系の混結編成。線路の右側は慶應義塾大学病院と付属施設。前方中央に見える森は新宿御苑。昭和38年10月17日　写真：荻原二郎

上の写真とほぼ同位置。緩行線の電車は101系のあと103系、201系、205系、209系500番台が走り、現在は6扉車を連結したE231系0番台（写真）が主力。線路は変わっていないが駅が改築され、右側に首都高速4号新宿線が走っている。平成20年1月11日　写真：大野雅弘

現在の外苑東通りと交差する地点の下を切り通しにして島式ホーム1面2線で開業した。その後、昭和4年(1929)の複々線化の際に駅舎を一新し、戦後まで使用された。小規模な貨物扱いの施設もあったが、昭和16年(1941)に廃止されている。

現在の駅舎は平成4年(1992)に完成したもので、東京オリンピックの時に設けられていた下り線の臨時ホームも駅ビル建設の際に撤去された。駅ビルは同5年に完成している。

駅の南側には広大な青山練兵場があったが、明治神宮の内苑に対する明治神宮外苑の用地に転用され、大正15年(1926)に外苑が完成した。神宮外苑の主な施設には聖徳記念絵画館、国立霞ヶ丘競技場（東京オリンピック時のメインスタジアム）、明治神宮野球場、秩父宮記念ラグビー場、明治記念館などがあり、絵画館前の銀杏並木の美しさは都内随一のものとなっている。

駅の北側には慶応義塾大学医学部、慶応義塾大学病院があり、駅ビル内には大東文化大学法科大学院の教室がある。

神宮外苑の施設で試合やイベントのある時には混雑するが、ふだんは物静かな駅で、明治記念館の結婚式場・パーティー会場、慶応義塾大学病院へ向かう人の姿も多い。

68

# 千駄ケ谷駅

|所在地|東京都渋谷区千駄ケ谷1丁目|
|---|---|
|東京駅起点|8.6km|
|開業|明治37年（1904）8月21日|
|乗車人員|2万1993人|

快速線を行くのは新宿始発、休日運転のキハ20系8連による準急「房総」号。左側の樹木は新宿御苑。近接しているため、この駅は中央線では最も静かなたたずまいを見せている。昭和16年夏季に東京一千駄ケ谷間に客扱い電車が運転された記録がある。昭和34年11月29日　写真：上原庸行

あまり変化のない駅だが、架線柱が交換され、新宿御苑の塀が改修されている。快速電車もスピードを上げる所で、3駅通過で新宿一四ツ谷間を5分で結ぶ。平成19年8月27日　写真：山口雅人

甲武鉄道時代に青山練兵場（跡地は現・明治神宮外苑）への兵員輸送のため、現在の駅の付近から分岐する専用線を建設したのが千駄ケ谷駅開設の契機となった。専用線は練兵場の東端、現在の絵画館の裏付近まで四ツ谷方向へ向かう本線線路の南側に敷設された。

電車運転開始にともなって明治37年（1904）8月に千駄ケ谷駅が開設された。現在位置より信濃町寄りで、専用線との分岐点付近だった。1面2線の現在駅は昭和4年（1929）の複々線化の時に建設された。

専用線は明治神宮外苑の建設後に廃止されたが、千駄ケ谷の分岐点付近の線路の一部は残され、首都高速4号新宿線が建設されるまで工事用車両の留置線として使われていた。現在もその名残を見ることができる。

千駄ケ谷駅の北側は新宿御苑で、駅の周辺は戦前から閑静な住宅地となっていた。駅の南側は神宮外苑の西側にあたり、東京体育館、神宮球場などがある。文化・芸術方面の施設も多く、国立能楽堂、将棋会館、津田英語会・津田スクールオブビジネス・津田ホール（平成20年3月末閉鎖）などがある。信濃町駅以上に物静かな駅で、付近にオフィスビルが少々。商店の姿はほとんどない。

69

# 代々木駅

東京都渋谷区代々木1丁目
東京駅起点9.6km
🚃開 明治39年(1906)9月23日
6万9830人

代々木駅と新宿駅の間は0.7kmと短いので、すぐ近くまで新宿貨物駅のヤードが迫っていた。代々木駅ホームの隣りを中央線の101系快速東京行きが通過してゆく。昭和42年11月18日　写真：三宅俊彦

新宿方向の貨物駅の跡地付近は、再開発が進み、デパートをはじめ大型書店などのショッピングエリアが間近に迫ってきて、代々木駅からも利用しやすくなった。電車も近代化が進み、E231系0番台が中心の中央緩行線ホームの脇を中央線快速の新鋭E233系が駆け抜けていく。平成20年1月30日　写真：大野雅弘

中央緩行線下りホームに東京競馬場前行きの臨時電車が到着。中野電車区の73系基本6両にクモハ40形1両を増結した7連。先頭の全鋼製クハ79926は73系の最終タイプで昭和32年製。山手線ホームには戦前製のクハ55形が停まっている。昭和38年5月26日　写真：上原庸行

甲武鉄道が現・中央線のために日本鉄道山手線との分岐点に開設した駅である。開業1週間後の明治39年(1906)10月1日に甲武鉄道、同年11月1日に日本鉄道が国有化された後、42年(1909)12月16日から山手線の停車が開始された。両線のホームは離れていたが、大正13年(1924)に山手線が複々線化された時に現在地にホームを並べることになった。

関東大震災後の失業対策事業も兼ねて中央線の複々線化工事が急ピッチで進められ、新宿―飯田町間は昭和4年(1929)3月に完成した。新宿―代々木間の配線替えにより、この時から新宿駅で中央緩行線と山手線は方向別にホームを並べることになった。

代々木駅周辺には長らく田園風景が広がっていたが、新宿に近いこともあって大正末期からは急速に市街地化が進んだ。現在の代々木駅の周辺には予備校、専門学校、ビジネスホテル、病院が多い。新宿駅に近いので、同駅南口にあるJR東京総合病院、新宿サザンテラスなども至近距離にある。

代々木駅は旧千駄ヶ谷村の一角に設けられたもので、本来の代々木とは小田急線の代々木八幡、代々木上原方面を指していた。現在の町名は駅名から生まれたものである。

70

# 新宿駅

東京都新宿区新宿3丁目
東京駅起点 10.3km
開 明治18年（1885）3月1日
（甲武鉄道 明治22年（1889）4月11日）
乗 75万7013人

2番線（現10番線）のホームで青梅線直通の臨時電車「吉野観梅号」御岳（みたけ・正式表記は御嶽）行きが発車待ち。すでに101系全盛期だったが、三鷹・中野電車区には旧型車も残っていた。先頭のクモハ40044ほか73系3両の4連。昭和35年3月13日　写真：巴川享則

通勤ラッシュは年々過酷さを増し、朝の新宿駅上り中央線急行ホームでは1・2番線（現9・10番線）を交互発着で両面使用して、現在と同様に整列乗車を行っていた。右はモハ40形、左はクハ65形。上り側に付く付属編成には戦前型車両が多かった（写真2枚合成）。昭和27年7月　所蔵：JTBパブリッシング

新宿駅は日本鉄道（現・東北本線、高崎線、常磐線などを建設・運行した最初の民鉄）の山手線（赤羽―品川間）が開通した明治18年（1885）3月1日に開設されたもので、4年後の明治22年4月11日に甲武鉄道の新宿―立川間が開通して新宿への乗り入れを開始した。甲武鉄道は明治28年（1895）4月3日に飯田町まで延伸し、明治37年（1904）8月に飯田町―中野間を電化して電車運転を開始した。同39年10月1日に甲武鉄道は国有化され、11月1日に日本鉄道も国有化された。

その後は利用客の増加、新宿市街地の発展にともなって駅も改良を重ねていった。大正12年（1923）の関東大震災勃発から昭和16年（1941）の太平洋戦争勃発までの間に、新宿駅は貨物ヤードを含めて戦後とほぼ同じ形にまで整備が終わっていた。旅客ホームは4面8線となっていたが、すでに手狭だった。東京市電（→東京都電）、京王電気軌道（→京王電鉄）、西武軌道線（→都電杉並線）小田原急行鉄道（→小田急電鉄）が国鉄駅と連絡し、昭和初期から乗降客数日本一の座を獲得していた。

昭和20年（1945）に戦災を受けた後は復旧につとめ、戦前の施設のまま推移して

71

新宿駅のホームは戦前から戦後まで4面8線だった。これは7番線（現15番線）から隣りの6番線（山手線内回り・現14番線）、5番線（中央緩行線上り・現13番線）ホームを見たもの。中央線の下り急行（現・快速）電車が停まる4番線（現12番線）には新宿始発の中央線客車列車が停車しているが、当時は日中の急行電車運転がなかったので長距離列車の発着にも使われていた。ホーム前方に見えるのは跨線橋ではなく、東口と各ホームを結んでいた手小荷物運搬通路。東口駅ビル建設時に撤去された。昭和31年7月21日　写真：上原庸行

現12番線（上の写真で客車列車が停車していた旧4番線ホーム）から発車した201系快速立川行き。平成19年8月5日　写真：山口雅人

いたが、増え続ける利用客と、中央線の列車本数の増加、昭和34年（1959）の地下鉄丸ノ内線の開通などによって地下道の拡張、ホームの増設が行われた。西口の整備も進んでデパートの開店、淀橋浄水場跡の高層ビル街の建設などが続き、新しい人の流れを生み出して利用客はますます増加した。貨物扱いの廃止後は跡地にデパート、大型書店などが進出し、新南口として発展を続けている。

現在の新宿駅は埼京線、湘南新宿ラインの乗り入れがあるほか、「成田エクスプレス」も発着し、新宿駅では主役クラスの中央本線には「スーパーあずさ」「あずさ」「かいじ」などの特急群が花盛りで、中央快速線も「中央特快」「青梅特快」「通勤特快」「通勤快速」「快速」と列車種別も多様化し、朝のラッシュ時には1時間に30本という超過密運転が行われている。

新宿駅は常に何かしら工事を行っていると言われるが、現在最もそれが顕著なのがホームの改良工事である。増設を重ねて8面16線にまでふくらんだだけに、位置にズレが生じているホームを利用しやすく修正する大工事が進んでいる。

新宿駅の難点は周辺の盛り場、地下街が

新宿駅

当時の3番線(現9番線)ホームで発車を待つ中央本線70系中距離電車の甲府行き。最後部はサハ57から改造のクハ55形300番台。建設中のビルは小田急百貨店本館。昭和41年1月　写真：巴川享則

上と同じ当時の3番線(現9番線)に到着した中央本線115系中距離普通電車(回送)。建設中のビルは小田急百貨店本館。昭和41年12月4日　写真：毛呂信昭

分散しているために地下道、コンコース、私鉄との乗り換え口が複雑で、人の流れがぶつかり合うことである。そのため構内は終日混雑していて、歩きにくい。こればかりは流れの良い東京駅、池袋駅にかなわないようである。

甲州街道陸橋を挟んで新宿駅南口と、新南口、サザンテラス口がある。この界隈は新宿貨物駅跡の再開発で発展を続けており、高速バスターミナルやデパート、大型書店、ホテルなどに通じていて新宿の新しい顔を生み出した。平成20年1月30日　写真：大野雅弘

旧1・2番線ホームはその後のホーム増設、改良工事によって現在は7・8番線ホームになっている。8番線に201系の快速東京行きが進入してくるところ。隣りの9・10番線ホームは写真撮影時工事で閉鎖中。平成19年7月23日　写真：山口雅人

新宿駅構内へ進入してくる73系の電車。右が中央線の上り急行（後の快速）東京行き、左が山手線内回り（渋谷・大崎方面行き）。旧型国電の末期には、中央線は20m車で統一されていたが、山手線にはまだ17m車との混成が見られた。手前の橋桁が拡幅改修前の新宿大ガード（下は青梅街道）。昭和27年　写真：萩原政男・所蔵：山口雅人

新宿駅を発車した70系中距離普通電車。最後部はクハ76351。中央線配置の横須賀型電車の中では唯一の全金属製車体のクハ76だった。右端の大きなビルは昭和39年10月に完成した東口のステーションビル（現・ルミネエスト）。
昭和41年12月4日　写真：毛呂信昭

新宿貨物駅ホームに停車中の荷物電車モニ13002。両運転台のモハ34形（後のクモハ12形）を戦後荷電に改造したもの。新宿駅では山手線と中央線の荷電が見られた。これは中央線運用車。昭和34年6月21日　写真：上原庸行

線路の配線は変わったが、基本的には同じ。駅構内よりも周辺の変貌が激しく、後方には高層のプリンスホテルがそびえている。電車は池袋方面へ向かう埼京線の205系。平成19年7月23日　写真：山口雅人

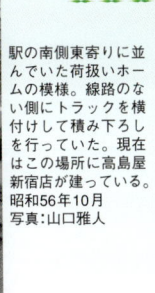

# 大都会の中の異空間 今はなき新宿貨物駅

駅の南側東寄りに並んでいた荷扱いホームの模様。線路のない側にトラックを横付けして積み下ろしを行っていた。現在はこの場所に高島屋新宿店が建っている。昭和56年10月　写真：山口雅人

荷扱い用の移動クレーン車が見える。明治通りの貨物駅入り口から構内へはかなり昔から都電の敷石を思わせる御影石が敷き詰められていた。前方のビル群は新宿3丁目方面。現在の東急ハンズ付近。昭和55年12月　写真：山口雅人

荷物ホームで積み下ろし中の中央線のクモユニ82形＋クモニ83形。115系普通電車に併結して新宿と甲府・松本方面を往復していた。ホームの右はすぐ明治通りで、トラックが盛んに出入りしていた。昭和56年10月　写真：山口雅人

マイシティから当時の南口方面を望む。左にEF15、右にEF64形電機が見える。現在、線路の部分には増設された旅客ホームが並んでいる。昭和57年9月　写真：山口雅人

当時の1番線ホームから代々木方向を望んだもの。左の建屋は信号扱い所、前方の橋は拡幅前の甲州街道の陸橋。昭和52年10月　写真：山口雅人

山手線と中央線の接点である新宿駅には多数の貨物ホームと広大な貨物側線が広がっていた。昭和40年代までは旅客側線がその一部を間借りしている観さえあって、貨車の群れと牽引の電気機関車、構内入換えのディーゼル機関車（昭和30年代初めまでは蒸気機関車）の姿が常に見られた。都心から貨物列車を迂回させる武蔵野線の開通、国鉄の貨物輸送縮小によって昭和59年（1984）2月に新宿駅の貨物取り扱いは廃止された。以後は同61年の埼京線新宿乗入れを皮切りに旅客ホームの増設と商業施設の建設が進み、現在は貨物駅を偲ばせるものは何も残っていない。

75

# 大久保駅

東京都新宿区百人町1丁目
東京駅起点 11.7km
**開** 明治28年(1895)5月5日
**乗** 2万4043人

高速で大久保駅を通過する下り急行(後の快速)電車。73系の920番台全鋼製車は昭和31年に基本編成5両の揃った編成で中央線に投入されたが、すぐに基本編成が7両化されたため、在来車との混成になって編成美がくずれていた。昭和32年6月19日　写真:上原庸行

現在は高層化が進んで大久保付近の展望もきかなくなった。電車も世代交代が進んでいる。平成19年7月29日　写真:山口雅人

開業時は地平駅で、貨物も扱っていた。東中野寄りの下りホームから建設中の淀橋浄水場への引込み線も開通して資材運搬に供され、明治32年(1899)に浄水場が完成してからは濾過用の砂利運搬線として使われていた。

中央線の複線化は早くから行われ、明治28年(1895)に飯田町—新宿間、同39年4月に新宿—大久保間、同年9月に大久保—中野間が完成している。

複々線化工事は、新宿駅構内の山手線との分岐地点から現・東中野駅東側まで築堤による高架複線を建設して昭和3年(1928)5月11日に完成した。従来線も築堤による高架化が行われ、昭和6年(1931)3月に現・快速線の姿に生まれ変わった。この時に現在の大久保駅が建設され、浄水場への引込み線が廃止された。

元々は武蔵野の面影を残す田園地帯であったが、明治末期から住民が増え、新宿の後背地として市街地化が進んだ。戦災で焼け野原になった当時は新宿駅、新大久保駅が見通せるほどであったが、復興とともに高層建築が増えて、今は駅近くまでビルの波が押し寄せている。駅前の大久保通りは、アジア各国料理の飲食店が軒を連ねる。

## 大久保駅

中野方向から勾配を上りつめてきた101系快速東京行き。10両編成オール電動車でデビューした101系であったが、変電所容量の不足から制御車、付随車の連結が増え、最終的には10両中の電動車は6両となり、73系並みの性能に落とされていた。昭和40年8月1日　写真：巴川享則

201系は国鉄初のサイリスタチョッパ制御の電車として登場しただけに性能も良く、高速性にも優れていた。101系と同様、10両編成のうち6両が電動車でも、中央線のゆるい勾配は楽々と登っていた。平成19年7月29日　写真：山口雅人

右写真とほぼ同じ位置。緩行線にはE231系に混じって209系500番台も走る。駅周辺はアジア系の国際的な商業地域に発展した。それにともなって外国語の飛び交う時間帯も増えてきた。平成20年1月11日　写真：大野雅弘

下り線を通過する101系回送電車。オレンジ色ではあるが大阪環状線配属の車両で、後日東海道を自力回送された。大久保駅は新宿駅から1駅目ながら、この当時はまだ低い家並みの広がる閑静な駅だった。昭和36年3月5日　写真：上原庸行

# 東中野駅

東京都中野区東中野4丁目
東京駅起点 12.8km
**開** 明治39年(1906)6月14日
**乗** 3万8918人

東口の北側。ホームと階段の間には快速線が通っている。南側より簡素な設備で、この当時は売店があっただけ。架線鉄柱より手前は踏切があった所。昭和43年3月3日　写真:荻原二郎

売店が自動販売機に替わり、橋上の駅施設が拡張された他はあまり変化がない。踏切があった頃は直角に折れていた道にカーブがつけられて利用しやすくなっている。平成19年7月20日　写真:山口雅人

　開業時は柏木駅といった。現在駅よりも新宿寄りで、電化にあたって建設された柏木発電所(火力、現・東中野変電所)の近くに相対ホームの駅が設けられていた。その駅舎が改築された大正6年(1917)1月1日に東中野と改称した。複々線化工事が行われた際に中野寄りに移り、島式ホーム1面2線、東西に跨線橋を持つ現在の駅が建設された。

　中央線は直線区間が長いことで知られているが、そのスタート地点が東中野駅のホーム東端付近である。ここから立川駅構内の東端までの約24.6kmが直線区間になるのだが、実際には駅構内前後の小さなカーブの増加で、地図のようにまっすぐには走れない。

　その直線区間が始まる直前の地点にあったのが桐ヶ谷踏切で、東京駅を出てから最初に出合う踏切として知られていた。頻発運転の複々線区間なので、むろん開かずの踏切だった。戦前から道路をトンネル化する立体交差の工事を進めていたのだが戦争で中断し、昭和37年(1962)によりやく完成した。

　駅の周辺には小規模な商業地域もあるが、一歩入れば戦前からの住宅地が広がってい

78

# 東中野駅

右写真と同じ位置の現況。電車はE231系に代わったが、施設と景観に大きな変化はない。ホーム先端付近に複々線を横切る旧桐ヶ谷踏切があった。平成20年1月11日　写真：大野雅弘

ホーム東端から新宿方向を望む。大久保から勾配を下ってきた電車はかなりのスピードでホームに進入してくる。見通しが悪く追突事故が何度か発生した。昭和38年5月26日　写真：上原庸行

都営地下鉄大江戸線との連絡駅になったので線路上の駅施設が立派になった。現在も南北自由通路は健在。平成19年8月6日　写真：山口雅人

西口が本屋なのだが、用地の関係で規模は小さかった。階段を上がり橋上の改札からホームへ降りる構造だった。東口同様、通路は南北自由通路として使われていた。下り快速電車が通過するところ。昭和43年3月8日　写真：荻原二郎

東口の南側階段を上ると橋上に改札がある。トラックが停まっている場所は手小荷物取扱い所。東中野駅は浅い切り通しに1面2線の島式ホームが設けられている。昭和43年3月3日　写真：荻原二郎

る。都営地下鉄大江戸線の連絡駅となって都心へ向かうには選択肢が増え、利便性が増した。

# 中野駅

東京都中野区中野5丁目
東京駅起点14.7km
**開** 明治22年(1889)4月11日
**乗** 11万5176人

右が4番線の営団地下鉄東西線折り返しホームで、5000系が発車待ち。左の5番線には荻窪始発の総武線直通電車が停車中。まだ73系も使われていた。昭和41年11月11日　写真：荻原二郎

地下鉄東西線の車両も世代交代。右は中野始発の東葉高速鉄道（西船橋─東葉勝田台）の2000系、左は三鷹始発の東西線経由西船橋行き東京メトロ（旧営団）東西線05系。平成19年8月6日
写真：山口雅人

甲武鉄道開通時に開設された古参駅の一つ。当初は現在地よりも100mほど高円寺寄りに旅客・貨物駅として建設された。北側（現在の中野区役所、中野サンプラザ一帯）には陸軍の施設が集中しており、駅から引込み線も建設された。

明治37年(1904)に電車運転が開始された後、大正8年(1919)に中央・山手線の「の」の字運転の開始があり、同10年に新宿電車庫が中野に移転して中野電車庫が開設されるなど、中野駅は電車区間の要衝駅としての性格を強めていった。

昭和3年(1928)5月に新宿─中野間が複々線化された折に現在地に駅を移転、2面2線のホームが建設されて戦後までそれが続いた。

昭和37年(1962)に中野─三鷹間の複々線化と地下鉄東西線の乗り入れのための工事が開始され、中野駅は大きく変貌を遂げた。昭和41年(1966)3月に東西線が中野駅まで開通し、4月から荻窪まで延長して国鉄との相互乗り入れが開始された。それに合わせて中野駅は4面8線の大きな駅に改良された。

いわゆる「中央沿線」「中央線の文化」などと称されるのは中野─三鷹間の7駅と

# 中野駅

中野駅構内から中野―荻窪間の高架複々線に登り始める箇所を建設中。電車は101系の上り東京行き。昭和39年9月19日　写真：三宅俊彦

この位置にあった快速用のホームを取り壊して地下鉄東西線乗り入れ用の3・4番線ホームを建設中。左奥には6～8番線が完成して快速電車が使用を開始していた。昭和40年7月30日　写真：巴川享則

中野駅南口。線路は駅舎ビルの2階フロアあたりにあるので、高架下の駅のように見えるが、線路の高さがもともとの地平で、駅前広場周辺は南・北口ともに掘り下げて低くしたもの。昭和41年6月21日　写真：沢柳健一

中央・総武線各停用の1・2番線ホームから見た東西線用3・4番線ホーム。平成19年8月6日　写真：山口雅人

その周辺を指すことが多い。具体的には「新宿の郊外」ともいえる中野、杉並区、武蔵野・三鷹市の商業・住宅・文教地区のことである。昔も今もサラリーマン、公務員、教職員、学生や各界の名士・文化人の居住が多い。すでに成熟した山手線内の「山の手」に代わって中央沿線は常に新しい都市文化を生み出してきた。

中野も戦前から文化人または教養人の多い街だった。戦後は新宿以西随一の規模を誇った北口のヤミ市からスタートして、南口駅前の整備、多数の映画館の開設、駅に至近の団地建設、丸井中野本店（現在は撤退）の大拡張などがあり、北口ではサンモール商店街の充実、中野ブロードウェイ（昭和41年）、中野サンプラザ（昭和48年）の建設などがあって、概して文化的な香りの漂う街を形成してきた。

中野駅そのものにその後大きな変化は見られないが、40年以上続く乗り場の複雑さがよく槍玉に上がる。番線ごとに記しておくと、①中央・総武線下り各停三鷹行き、早朝深夜は中央線下り各停高尾方面行き、②中央・総武線各停中野折返し、早朝深夜は中央線各停上り、③東西線中野折返し、④東西線直通三鷹行き、東西線中野折返し、

⑤三鷹始発の中央・総武線各停上り、三鷹始発の東西線直通、⑥中央線快速下り、⑦⑧中央線快速上り。
お分かりになりましたか？

上り急行ホーム4番線に停車中の73系電車。朝のラッシュ時には東京方1両目が「婦人子供専用車」に指定されていた。その表示はホームと側窓の小さな文字板だけだった。昭和32年6月11日　写真：上原庸行

現在の上り快速ホームは7・8番線。朝のラッシュ時のみ交互発着で遅延防止をはかっている。東京方1両目は朝ラッシュ時に「女性専用車」となるため、各駅ともホームの床面にもその案内表示がある。平成20年1月30日　写真：大野雅弘

右が三鷹発営団東西線直通大手町行きの国鉄301系。左が中野折り返しの東西線5000系。昭和41年11月11日　写真：荻原二郎

緩行線ホームから新宿発松本行きの下り急行「アルプス」を追ったもの。昭和35年4月に当時最新鋭のキハ55系によって急行「アルプス」2往復、準急「白馬」2往復の運行が開始された。昭和36年5月17日　写真：上原庸行

中野以西の複々線化工事を進めていた時期の高円寺寄り快速・緩行線への分岐（合流）地点。上り下りとも快速・緩行線に分岐（下り線は合流）できるように仮設のクロスが設けられていた。前方の左側で快速線、右側で緩行線につながる。昭和40年11月15日　写真：上原庸行

82

高円寺駅

東京都杉並区高円寺南4丁目
東京駅起点 16.1km
開 大正11年（1922）7月15日
乗 3万8918人

# 高円寺駅

地平時代の高円寺駅下り線に停車中のクロハ55800。終戦直後に多数のクハ65形・55形が駐留軍専用車に指定された中の1両。解除後は半室2等（現・グリーン車相当）になり、クロハ55形4両は中央線に集結し、後に阪和線に転じて昭和50年代初期に生涯を終えた。昭和32年6月13日　写真：上原庸行

下り阿佐ヶ谷方向を望む。跨線橋の先には踏切があり、上下線の間に折り返し電車用の留置線があった。右のビルは昭和27年建設の高円寺駅北口本屋。デパートの白木屋（後に東光ストア）が出店していた。昭和37年3月7日　写真：吉田明雄

上り線に101系東京行き、下り線にモニ13形荷物電車が停車中。南北商店街を結ぶ踏切は「開かずの踏切」の一つだった。昭和37年3月7日　写真：吉田明雄

中央沿線の人口が増え始め、中野から吉祥寺まで電車区間が延長されたのは大正8年（1919）3月1日。中間駅は荻窪だけだったので、沿線から新駅開設の要望が殺到し、高円寺、阿佐ケ谷、西荻窪の3駅が電車専用駅として大正11年（1922）7月の同じ日に開業した。

この「杉並3駅」はいずれも相対式ホームの簡素な造りだったが、高円寺駅には西側に折り返し用の中線が設けられた。駅舎は北口だけで、跨線橋で上下線ホームが結ばれていた。

関東大震災後は急速に開発が進み、東京でも有数の商店街が生まれ、畑が住宅密集

地に変わっていった。駅の周辺のみ戦災に遭遇したが、駅舎は仮復旧ののち昭和27年（1952）に民衆駅方式による3階建てのビルが完成して、デパートの白木屋が入った（後に東急百貨店と合併、系列の東光ストアに）。

昭和37年（1962）から高架複々線化工事が行われ、昭和41年（1966）4月28日の改正で2面4線の高架駅に生まれ変わった。昔の面影を残す商店街もますます隆盛で、ねじめ正一の小説で名を挙げた「高円寺純情商店街」や高円寺パル商店街、高円寺ルック商店街などが競い合い、50年を超える「高円寺阿波踊り」も人気を呼んでいる。ライブハウス、古着屋も多数あって、若者の姿が多い。

高架複々線化工事で設けられた上り線の仮設ホーム。下り線はホームを取り壊し中で、仮設ホームは跨線橋の向こう側（阿佐ケ谷寄り）に設けられた。昭和38年　写真：野坂親一・所蔵：杉並区立中央図書館

下り仮設ホームから阿佐ヶ谷方向を望む。折返し用の中線があった位置に仮ホームが造られたが、後に工事の進行により中野方の本来の位置に移動した。昭和38年　写真：野坂親一・所蔵：杉並区立中央図書館

下りホームから中野方面を望む。武蔵小金井行き101系電車が到着するところ。中野一三鷹間の高架複々線化工事が始まったばかりだった。昭和37年5月19日　写真：沢柳健一

# 高円寺駅

中野ー高円寺間の高架複々線は先に両端の1線ずつを完成させ、後から中側2線を造るという工法だった。その工事中、電車は高架橋の谷間を走っていた。仮設ホームに101系の下り三鷹行きが到着。昭和39年2月24日　写真：高木嘉男

上り仮設ホームから中野方向を望んだもの。両側に高架用の橋脚が建ちつつある。昭和38年9月　写真：野坂親一・所蔵：杉並区立中央図書館

高架化工事中の高円寺駅。現在の緩行線ホームが先に完成。右の駅ビルは取り壊し中で、跡地に快速線のホーム1本と上下線の線路が建設された。昭和39年9月20日　写真：荻原二郎

上の写真とほぼ同位置から見た現在の高円寺駅ホーム。下り快速のE233系電車が発車していった。平成19年8月5日　写真：山口雅人

高円寺駅の一帯は戦災に遭ったので、仮復旧の駅舎が使われた。昭和27年にこの駅舎の左側に3階建ての民衆駅が誕生した。昭和27年　所蔵：杉並区立郷土資料館

完成した高架ホームから中野方向を望む。中野ー高円寺間は外側の2線が先に完成し、内側の2線は後から線路が敷設された。仮設跨線橋の取り壊しも進んでいた。昭和39年9月20日　写真：荻原二郎

高架複々線も完成間近。まだ両端の1線ずつを使った複線運転中で、現在の緩行線下りになった線をキハ58系の急行「アルプス」がやって来る。上り線には101系の東京行き電車が中野方向へ向かっている。昭和40年9月26日　写真：巴川享則

高架複々線化工事も完成。高円寺駅から下り阿佐ケ谷方向を望む。地形の関係でかなり下っていくのが分かる。右は中央線101系の下り電車、左は中野から東西線に直通する営団地下鉄の5000系。昭和41年8月3日　写真：巴川享則

現在の中野方向の模様。下り緩行線には相互乗り入れの東京メトロ東西線05系の三鷹行きが接近中。左の上り快速線は201系の東京行きが発車したところ。平成19年6月11日　写真：山口雅人

沿線の建造物の高層化が進んだ。201系の中央特快東京行きが近づいてくる。平成19年6月11日　写真：山口雅人

86

# 阿佐ケ谷駅

東京都杉並区阿佐谷南3丁目
東京駅起点17.3km
開 大正11年（1922）7月15日
乗 4万4566人

南口広場から阿佐ケ谷駅南口駅舎、現・若杉通りの踏切を望む。右は商店街「阿佐ヶ谷パール街」の入り口。高架複々線化後、広場の整備、道路の拡張が行われたが、三菱銀行（現・三菱東京UFJ銀行）は改築して現在も同じ位置にある。昭和37年3月4日　写真：吉田明雄

戦後の中央線は利用客が激増し、昭和36年冬にはパンク状態になって遅延が常態化、中でも阿佐ヶ谷駅の積み残しは一躍有名になった。救済策として中野―三鷹間の高架複々線化と、バイパス相当の地下鉄荻窪線（現・丸ノ内線）、東西線の建設が急がれることになった。昭和36年1月　所蔵：杉並区立郷土博物館

高架複々線化工事のため、高円寺寄りに作られた仮設の下りホーム。高円寺―荻窪間は大部分が南側の2線（現・緩行線）を先に完成させ、後から北側の2線（快速線）の建設を進めた。下り仮ホームは密集する飲食店街と背中合わせに造られた。昭和38年5月26日　写真：上原庸行

電車専用駅らしく相対式の簡素な造りの駅だった。高円寺と同様、駅の周辺は関東大震災後、急速に田畑が住宅密集地に変わったため、元の農道がそのまま商店街や住宅地の小路となって残り、今なお道が入り組んでいる。

昭和初期にはこのような新興住宅地の安い貸家、文化アパートに芸術家志望の青年達が住み着いて、独特の中央線文化を醸し出していた。中でも阿佐ヶ谷、荻窪には作家とその卵が集まったので「阿佐ヶ谷文士村」と呼ばれ、駅近くの喫茶店や中華料理店にたむろする姿が見られた。囲碁、麻雀、飲酒の集いを楽しんだのは井伏鱒二、太宰治、上林暁、外村繁、青柳瑞穂、亀井勝

現在の阿佐ケ谷駅南口。右の写真と同じ位置。駅構内は北口への自由通路。平成19年8月5日　写真：山口雅人

高架上にホーム1本が完成し、供用を開始した直後の南口仮駅舎。仮設ホームから旧南口駅舎の位置に戻ってきたもの。昭和39年9月20日　写真：荻原二郎

北口の仮駅舎。高架上に現・緩行線のホームと上下線が完成したので、これから地上の仮駅舎などを取り払って快速線の高架工事が始まる。ＥＤ61形が牽引する上り貨物列車が通過中。右の小さな三角屋根が本来の北口駅舎。昭和39年9月20日　写真：荻原二郎

荻窪方向を望んだもの。現在の緩行線とそのホームが完成し、右側で現在の快速線の建設工事が進んでいる。昭和39年9月20日　写真：荻原二郎

上と同位置から荻窪方向を見る。右が快速線ホーム。平成19年8月6日　写真：山口雅人

一郎、木山捷平、田畑修一郎、中村地平といった顔ぶれで、戦争末期の中断を除いて昭和3年（1928）から戦後まで続いた。戦災に遭わなかったので街並みは戦前の面影を残していたが、南口広場の整備、若杉通りの開通、阿佐谷パールセンターの隆盛などで少しずつ近代化が進み、昭和41年（1966）3月の高架複々線の完成で街はひとまず完成の域に達した。50年以上続く「阿佐ヶ谷七夕祭り」は人気があって多数の見物客が集まるほか、昔からの飲食店や個性派の居酒屋も多いので、年間を通じて訪れる〈途中下車する〉人が多い。

荻窪駅

東京都杉並区上荻1丁目
東京駅起点18.7km
開 明治24年（1891）12月21日
乗 8万4436人

複々線化工事のため仮線を行く101系の上り東京行き。下り線は立川行き。前方の陸橋は青梅街道の天沼陸橋。建設時から複々線化を見越して4線分のスペースがとってあった。手前の小踏切の名はスレート踏切。左側にその工場があった。昭和39年2月24日　写真：高木堯男

天沼陸橋から阿佐ケ谷方向を望む。阿佐ケ谷以西は線路南側の2線（現・緩行線）を先に建設し、北側の2線（現・快速線）を後から建設していった。荻窪駅は高架化されなかったので、線路はこの地点で一たん地上に降りてくる。昭和39年9月19日　写真：三宅俊彦

阿佐ケ谷側から地平時代の荻窪駅を望んだもの。左が下り電車。右の線路は貨物用の側線。昭和37年9月12日　所蔵：杉並区立郷土博物館

甲武鉄道が明治22年（1889）に新宿―八王子間37.1kmを開業した時には、中野―境（現・武蔵境）間11.7kmの間には駅がなかった。沿線からの要望で、新駅の第1号として誕生したのが客・貨取り扱いの荻窪駅だった。

最初は南口だけで、青梅街道沿いを除けば、駅の周辺は一面の畑だった。関東大震災後は市街地化が進んだので、中島飛行機東京工場の通勤客のためという口実で、北

戦後の昭和21年から広場の整備が行われている。写真撮影後にも区画整理が進み、現在は右側と手前の看板が立つ側の商店街が広場に変わっているが、正面の交番は現在も同じ場所にある。右の広い道路が青梅街道、右下からまっすぐに横断歩道を越え、バスが合流しようとしている地点まで続く狭い道が旧青梅街道。北口の駅舎は広場の左側にある。昭和40年　写真：松葉 裏・所蔵：明るい生活社

複々線化され、ホームが2本並んでいるのだが、貨物駅跡に駅ビル「ルミネ」が建って狭い感じがする。右側の道路下に東京メトロ丸ノ内線の荻窪駅ホームがある。平成19年8月6日　写真：山口雅人

西側跨線橋から見下ろした下り線ホーム。まだ複々線化工事前で、旅客ホームは島式1面2線だけ、左に並ぶ屋根は貨物ホーム。線路の右側では地下鉄荻窪線（現・丸ノ内線）の工事が終わったところで道路の整備中。昭和37年3月25日　写真：荻原二郎

地下鉄荻窪線（現・丸ノ内線）との連絡通路建設中の旧南口駅舎跡を下りホームから写したもの。中央線の複々線化工事はまだ始まっていなかった。
昭和36年4月9日　写真：上原庸行

# 荻窪駅

お知らせ

国鉄荻窪駅北口方面に住宅、勤務先、通学先のある方に限り地下鉄荻窪駅発着の定期券に通行証明印をお受けになりますと当分の間国鉄の南北改札口が通り抜けできます
（証明は地下鉄荻窪駅でいたします）

口通り商工会が要望を出し、昭和2年（1927）に北口が開設された。とはいえ昭和に入っても半ば農村地帯であったことは井伏鱒二の『荻窪風土記』に詳しい。北口は庶民的な商店街が開けていき、南口は高級住宅地として開けていった。駅周辺は戦災に遭わなかったが、戦後は北口駅前にヤミ市、南口駅前に飲食街が広がった。昭和37年（1962）1月に地下鉄荻窪線（現・丸ノ内線）が開通、同41年（1966

地下鉄荻窪線（現・丸ノ内線）との連絡通路工事中のため、従来の南口を取り壊してすぐ西側に設けられた仮駅舎。跨線橋の階段も手前側に降りるように変更されている。昭和37年3月25日　写真：荻原二郎

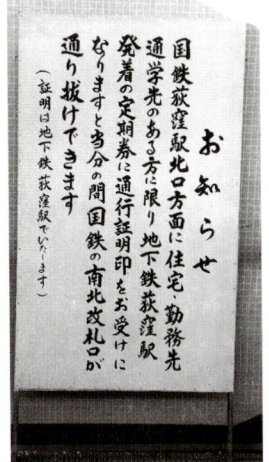

中央線を挟んだ南北交通は開かずの天沼踏切を利用するか、入場券を買って駅を通り抜けるしかなかったが、地下鉄駅完成によりこのような特例が設けられた。昭和41年4月の複々線化後は南北自由通路が設けられたため、往来は楽になった。昭和37年3月25日　写真：荻原二郎

完成した営団地下鉄荻窪駅への階段、中央線は南口仮駅舎を使っていたが、複々線化完成後は地下駅となり、この階段は地下鉄国鉄共用の南口として使われるようになった。昭和37年3月25日　写真：荻原二郎

中野・荻窪・吉祥寺駅の貨物入換えには八王子機関区のED15・16・17・24形などが使われていた。この日の荻窪駅ではED24形（昭和3年ドイツから輸入）の1号機が仕業に就いていた。後ろの洒落たマンサード型屋根は北口駅舎。国鉄には珍しい存在だったが、駅の地下化で姿を消した。昭和34年8月27日　写真：上原庸行

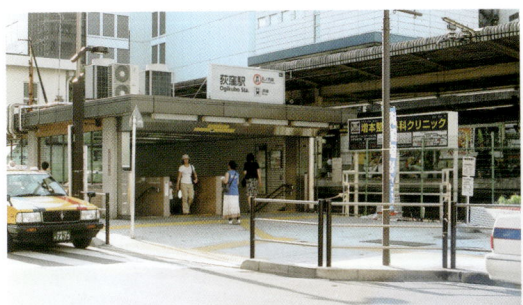

現在の南口。すっかり荻窪の街に定着して乗降客や南北通行者の利用が多い。南口には駅前広場がないが、道路も拡張されて安全性が増している。平成19年8月6日　写真：山口雅人

91

複々線化完成を間近に控えて踏切の地下道化工事も行われていた。地下化された駅の南北自由通路が完成するまでの間、しばらく旧青梅街道の天沼踏切は残されていたが、工事期間中全面通行止めとなっていた。電車は複線時代の残り下り高尾行き。昭和41年1月 写真：松葉 襄・所蔵：明るい生活社

駅の東側にあった旧青梅街道の天沼踏切は利用者が多く、南北を結ぶ重要な役目を果たしていた。中野―荻窪間の複々線化で列車本数が増えたため「開かずの踏切」になり、地下道の完成とともに閉鎖された。朝の通勤時間帯は遮断機が上がると行き交う人々であふれていた。昭和41年4月 写真：松葉 襄・所蔵：明るい生活社

4月に中野―荻窪間の複々線が完成して地下鉄東西線との相互乗り入れを開始、44年（1969）4月に三鷹までの複々線が完成した。

荻窪の商店街は今も広くはないが個性的な店が多く、荻窪ラーメンの人気は今も続く。

文化人の居住も多く、国鉄時代に荻窪駅の駅長が作家、評論家、画家、漫画家、芸能人など各界の名士と懇談会を持ち、サービス向上について妙案を拝聴していたこともあった。

複々線化完成後の荻窪駅快速ホームから新宿方向を望む。大型列車表示板を取り付けた直後の特快が通過していく。線路脇の荻窪銀座街も活気にあふれていた。天沼踏切はすでに撤去されている。昭和42年9月15日 写真：荻原二郎

# 西荻窪駅

東京都杉並区西荻窪3丁目
東京駅起点20.6km
開 大正11年(1922)7月15日
乗 4万0620人

右が荻窪方向。相対式2面2線の簡素な造りで、跨線橋は新宿寄りにあった。左の線路沿いの道は高架複々線化の際に用地買収され、現在はこの上が緩行線ホームになっている。
昭和41年 所蔵:杉並区立郷土博物館

下り線に荷物電車モニ13形が到着。更新前の原型で、前身のモハ34形(後のクモハ12形)の時代に中央線独特の仕様で標示していた「急行」の標示札を利用して「荷物」と記してある。ホームには西荻窪の有名フランス料理・ケーキ店「こけし屋」の広告が見える。昭和30年6月12日
写真:上原庸行

土曜休日は通過となる人影のない快速線ホームを駆け抜ける下りE233系快速電車。平成20年2月24日 写真:大野雅弘

荻窪駅を出て西に向かうと緑が多くなり、道路が碁盤の目になって街が整然としてくる。これは旧井荻村の村長を務めていた内田秀五郎氏(1876～1970)が「この辺は将来きっと都市化する」と村民を説得して、大正15年(1926)から10年をかけて区画整理を行い、道路を新設しておいた熱意の賜物なのである。その先見の明には大いに感謝すべきものがある。

西荻窪駅も内田氏などの陳情によって開設されたもので、相対式2面2線の簡素な造りの電車駅だった。やがて駅周辺には関東大震災後に下町から移住してきた人達を主体に商店街が生まれ、住宅や文化アパー

93

開業時の駅舎が高架複々線化直前まで健在だった。狭い駅前広場は現在もほとんど同じ。昭和40年2月14日　写真：荻原二郎

昭和13年4月に南口が開設された。昭和37年以降に高架複々線化工事が行われるまでこの姿で現役を通した。昭和13年4月7日　写真所蔵：横山君代

現在は高架下の空間にバス停を設けて有効利用している。平成19年7月1日　写真：山口雅人

左上／上の写真と同位置から写した現在の南口駅前。開設から70年が経過しているが、狭い広場も鉄道用地と道路の境界線の位置も全く変わっていない。平成19年7月1日　写真：山口雅人

左下／先に高架化が完成した北側の2線（現・快速線）の下り吉祥寺方向を望んだもの。特別快速同士のすれ違い。昭和42年10月29日　写真：三宅俊彦

トが増えていった。しかし、駅から7分も歩けば畑に出るという郊外風景は昭和30年代まで残っていた。

文化人の居住も多く、南口のフランス料理店「こけし屋」はその拠点となっていた。現在は骨董店と古書店が"ニシオギ"の名物になっていて、訪れる若者も多い。駅前の狭さが難点で、高架複々線化後の現在も変わりはないが、そこに味があるという声もある。

北口から吉祥寺方向に進むと東京女子大学、善福寺なども近い。街には文化的な香りが漂っていて、その表れか「西荻窪駅は中央線の中で一番上品で綺麗」と評価する人が多い。

# 吉祥寺駅

東京都武蔵野市吉祥寺南町1丁目
東京駅起点 22.5km
開 明治32年（1899）12月30日
乗 14万0155人

駅前通りが狭く、そこを頻繁にバスが通ったので歩行者は難儀した。駅舎も古くて狭く、いつも利用客でごった返していた。特に井の頭公園の花見シーズンには身動きがとれないほど混雑した。駅舎の左には貨物ホームと側線があった。昭和40年2月14日　写真：荻原二郎

高架複々線化に合わせて地元武蔵野市では大胆な都市計画を実施、駅の北口は広い南北道路、駅前広場と機能的なバス乗り場が完成した。上と同位置ながら昔を偲ばせるものは何も残っていない。平成19年8月6日　写真：山口雅人

西荻窪を出た下り電車はすぐ武蔵野市に入るが、ずっと碁盤の目の住宅地が続いている。西荻窪までとは違い、武蔵野市内から立川まで続く碁盤の目の街路は江戸時代の新田開発の名残である。開発の時期と地域によって碁盤目の角度が微妙に異なっているのは面白い。

吉祥寺駅は相対式のホームと北口だけの駅舎で開業したが、大正8年（1919）の中野―吉祥寺間の電車運転区間延長の際に駅構内が改良され、北口側から上り1番線が貨物列車と一部通過列車、中線を挟んだ島式ホームの2・3番線が上り下りの旅客線として使われるようになった。

吉祥寺一帯の開発は関東大震災後に急ピッチで進み、住宅と学校が増えていった。東京駅へ直通する中央線の便利さと、井の頭恩賜公園や豊かな田園風景があることなどから人気は高く、理想的な形で宅地化が進んだ。

昭和9年（1934）4月1日に帝都電鉄（現・京王電鉄井の頭線）が高架の吉祥寺駅を開業、同社の管理で南口が開設された。渋谷への短絡線となったため乗り換え客が増え、井の頭公園への入り口でもある南口一帯の発展を促した。

左手前の1番線は通過列車と朝夕のラッシュ時に使い、日中と夜間は島式ホームの2・3番線を使っていた。東京競馬場前から千葉へ帰る臨時電車が停車中。昭和38年5月26日　写真：上原庸行

高架化で中線がなくなり、幅の広がった緩行線ホームに停車中の西船橋行きE231系0番台。平成20年2月20日　写真：大野雅弘

　戦後も吉祥寺の発展は続いた。北口駅前にはバラックのヤミ市が広がり、駅前の狭い道に人があふれる中をバスが最徐行しながら頻繁に通る風景が見られるようになった。
　やがて高架複々線化の工事が始まると、仮設ホームの建設と線路の付け替えによって急場をしのぎ、昭和44年（1969）4月に完成した。
　高架下にはJR系のロンロン、駅周辺には東急、伊勢丹、近鉄（現在は撤退）などのデパートが開店し、さらにサンロード、東急チェリーロードなどアーケード街、ヤミ市の名残であるハーモニカ横丁などが人気を呼んで、多摩地区有数の集客数を誇る街に発展した。映画館、ジャズ喫茶、ライブハウスなども多く、音楽の街、若者の街として賑わっている。
　多摩地区のほか杉並区、世田谷区、練馬区から訪れる人も多く、その商圏はかなり広い。目下のライバルは躍進めざましい立川である。

南口は狭い旧道に面しており広場はない。階段の上が京王帝都井の頭線の駅事務室で、右の高架線は井の頭線吉祥寺駅。南口は昔も今も京王電鉄が管理している。昭和40年2月14日　写真：荻原二郎

京王系の駅ビルが建って美しくなったが、道路は昔と同じ広さ。歩行者天国に見えるが、路線バスが次々と到着するバスターミナルでもある。平成20年3月9日　写真：大野雅弘

高架複々線化工事が始まって島式ホームは三鷹寄りに移動し、片面の仮ホームが建設された。このあと線路の付け替えも行われた　昭和40年1月23日　写真：上原庸行

下り3番線に停車中のクハ101-12他の臨時電車。駅の左側には映画館の吉祥寺オデヲン座。その隣には武蔵野青果市場があった。昭和36年3月5日　写真：上原庸行

# 三鷹駅

東京都三鷹市下連雀3丁目
東京駅起点 24.1km
**開** 昭和5年(1930)6月25日
**乗** 8万7037人

北口は戦時中の昭和16年に開設。複々線化工事が行われるまで開設当時の駅舎が使われていた。駅舎の裏側とホームの間を玉川上水が流れている。昭和43年3月3日　写真：荻原二郎

北口の3階建ての駅ビルはJRの運転部門が使用、店舗は1階のみ。交番の左に国木田独歩の「山林に自由存す」の詩碑（武者小路実篤の揮毫）があるが、今では雑木林も消えて、ビルの陰にひっそりと立っている。平成19年6月28日　写真：山口雅人

立川までの電化が完成し、東京駅へ直通する電車の運転開始に応じて昭和4年(1929)6月に中野電車庫三鷹派出所が開設され、同年9月1日に三鷹電車庫（現・三鷹車両センター）に昇格した。これに合わせて中央線と玉川上水が交差する地点の西側に三鷹信号場が開設され、翌5年6月に格上げされたのが三鷹駅である。電車区、駅ともに文字どおり武蔵野の畑や林の中に建設されたものだった。

駅舎は当初南口だけで、ホームは2面3線という簡素なものだったが、後に2面4線に増えて下りが1・2番線、上りが3・4番線使用となった。三鷹以西の開発が進む前は東京―三鷹間の運転本数が最も多く、上りホームの3番線は三鷹始発専用（一部通過列車待避）となっていて、朝のラッシュ時のみごとな整列乗車が戦後の早い時期から定着し、マスコミにもよく取り上げられた。

北口は戦時中の昭和16年(1941)に開設された。その当時は駅前から桑畑と雑木林が広がっていたが、戦後の昭和25年(1950)秋に国木田独歩の「山林に自由存す」の詩碑が駅舎隣りの林に建立された時も開設当時とほとんど変わらない眺めだった。

三鷹駅

三鷹駅の朝ラッシュ光景。上り3番線は三鷹始発の電車が5〜8分毎に発車していたので、それに乗る通勤通学客が整列乗車を守っていた。東京寄り1両目は「婦人子供専用車」だったが、付属編成の先頭車両には戦前型が多く、17m3扉のクハ38・65形、20m3扉のモハ40・41形が来ると列は乱れた。それでもすぐ態勢を整え直して整然と乗車していた。昭和25年9月　所蔵：JTBパブリッシング

上および右の写真と同じ位置。右側のホームが複々線化の際に玉川上水の上に増設された上り5・6番線ホーム。停車中のE233系電車は左から下り「中央特快」高尾行き、上り「快速」東京行き、上り「中央特快」東京行き。平成20年1月11日　写真：大野雅弘

4番線にクモハ11463他の回送電車が停車中。手前3両が新宿始発の武蔵五日市行き、後方に連結の70系4両が同じく相模湖行きの秋臨となる。左の101系は三鷹始発の東京行き、右の繁みは玉川上水。昭和36年10月15日　写真：上原庸行

上り3番線ホームに停車中の貴賓用電車クロ157-1他の157系電車。三鷹〜高尾間で試運転が行われていた。昭和36年5月17日　写真：上原庸行

三鷹は東京言葉と多摩言葉の境界地点でもあった。三鷹から西は高尾に至るまで「行くべえ」「そうすべえ」「飲むだアよ」「うざってえな」といった関東のベエベエ言葉で、昭和30年代半ばまでよく聞かれた。京王線は調布、西武新宿線は田無から西が同様だった。

三鷹市内には森鷗外、太宰治の墓がある禅林寺、近藤勇の墓がある龍源寺、山本有三の旧居などの名所もあり、調布市の深大寺までたどれる農道などもあって次第に文学散歩などで訪れる人が増えていった。開

改築や増築を重ねてきた地平駅舎時代の三鷹駅南口。駅前広場もよく整備されていた。昭和43年3月3日　写真：荻原二郎

三鷹電車区は中央線の代表的な車両基地として機能してきたが、増え続ける通勤型電車で満杯になっていた。この時期には武蔵小金井電車区がすでに開設され、豊田電車区も工事を急いでいた。三鷹区には101系と70系が配置され、やがて301系も新製配置された。昭和41年1月　写真：巴川享則

複々線化の時に橋上駅化され、南北自由通路も設けられた。その後三鷹市の駅前再開発に合わせて駅ビルとペデストリアンデッキが完成した。平成19年6月28日　写真：山口雅人

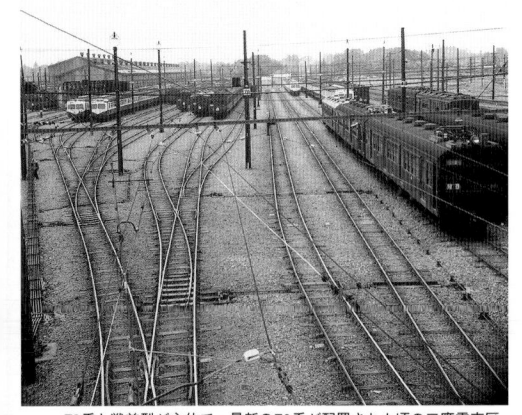

73系と戦前型が主体で、最新の70系が配置された頃の三鷹電車区。戦前型の電車はほとんどが付属編成に入っており、日中は電車区や東京駅、浅川駅で休んでいた。昭和28年　写真：水澤静男

発は進んでいたが、市内の自然は豊かだった。昭和44年（1969）4月8日に中野―三鷹間の複々線が完成し、三鷹駅は3面6線のホームを持つ橋上駅に生まれ変わった。三鷹以西の開発が進んで列車本数が増えたため、新たに中央・総武緩行線と相互乗り入れの地下鉄東西線の三鷹発着が開始された。

駅前も都市計画が進んで整備され、現在は南口（三鷹市側）にペデストリアンデッキが設置されて再開発ビルやバス停と結ばれている。北口（武蔵野市側）は緑の多い落ち着いた市街地だが、ここにも高層マンションが増えつつある。

100

# 武蔵境駅

東京都武蔵野市境1丁目
東京駅起点25.7km
開 明治22年（1889）4月11日
乗 6万0200人

跨線橋から三鷹方向を望む。左が国鉄の貨物ホーム、その先で境浄水場への引込み線が左へ分岐。右下に下りホームの端が見える。その右は西武鉄道所有の貨物側線と西武多摩川線の貨車群。昭和28年12月4日　写真：水澤静男

上り1番線を通過するEF13 5の牽引する旅客列車（422レ）。下りホームの左には貨車が見える。その奥には食糧倉庫が並んでいた　昭和41年8月24日　写真：毛呂信昭

　甲武鉄道開通時に境駅として開業した古参駅で、駅舎は長らく北口だけだった。大正6年（1917）に砂利輸送を主とした多摩鉄道（現・西武鉄道多摩川線）が開通、大正8年（1919）8月7日に武蔵境駅と改称した。

　大正13年（1924）に武蔵小金井駅（仮）が開設されるまでは名勝・小金井桜の花見は当駅で下車して玉川上水べりを歩き、帰りは国分寺駅まで歩いて出るのが標準コースだった。

　大正10年（1921）に境浄水場への工事用引込み線が開通、同13年の浄水場完成後は濾過用の砂利運搬線として利用された（昭和42年にトラック輸送になって廃止）。

　昭和25年（1950）8月に西武多摩川線の電化が完成、西武新宿線から交代で電車が配置されるようになった。

　立川、国分寺、武蔵境、吉祥寺駅などの貨車入れ換え作業は八王子機関区から出張の8620形蒸気機関車が行っていたが、市街地化が進みSLは武蔵境駅が東限となっていた。その汽笛は遠く西荻窪駅辺りでも聞くことができたが、昭和30年代半ばに電気機関車に交代した。

　平成11年（1999）に三鷹─立川間の高

架化工事が始まるまで武蔵境駅は蒸気列車時代の面影を残す古風な駅だったが、近くに亜細亜大学、国際基督教大学、日本獣医生命大学など、大学が多いだけに学生の利用が多く、駅は活気に満ちていた。

列車時代の面影をよく残していた駅で、2面3線のホームと貨物側線が多数あった。本屋側の1番線に上り東京行きが到着。下り2番線との間には貨物列車待避用の中線があった。昭和40年10月3日　写真:巴川享則

高架化工事で1番線が手直しされ、元のホームの外側に上り線が仮設された。平成19年6月23日　写真:山口雅人

高架ホームへ移行前の地平仮ホームに進入する下り201系快速。平成19年6月28日　写真:大野雅弘

平成19年7月1日に下り線のみ先行して高架化された。隣接する西武多摩川線は先行して平成18年12月9日に高架化されている。平成20年2月20日　写真:大野雅弘

102

# 東小金井駅

東京都小金井市梶野町5丁目
東京駅起点 27.4km
🈹 昭和39年(1964)9月10日
🈺 2万8108人

昭和39年9月10日の開業直後の模様。相対ホーム、橋上改札という簡素な造りだったが、写真右の空き地では貨物駅の建設が進められており6ヵ月後に開業した。昭和39年9月16日　写真：久保 敏

下りホームを101系の臨時電車「よしの観梅号」が通過中。7連の基本編成で、青梅線の御嶽駅まで行く。色は中央・総武緩行線用のカナリア色。駅の周辺はなかなか開発が進まず、そのぶん緑が多かった。左側には広大な貨物ヤードが広がっていた。昭和41年2月17日　写真：毛呂信昭

武蔵境駅の次が武蔵小金井駅だった頃は駅間が3.4kmもあったので、畑と雑木林の中を直線で進む中央線の電車にとってここは小気味よく飛ばせる区間だった。ちょうどその中間に線路を斜めに横切る小さな踏切があって、畑の中のささやかなランドマークになっていた。そこへ全国初の全額を地元で負担する「請願駅」として昭和39年(1964)9月に誕生したのが東小金井駅だった。

相対式2面2線の橋上改札というこぢんまりした旅客駅だったが、北側には貨物ヤードが設けられ、開業の翌年40年4月から新製自動車の輸送を主とした貨物取扱いが開始されて、活気を呈し始めた。

しかし、駅の周辺には相変わらず畑と雑木林、農家が点在するという風景が続き、駅開設時に開通した各社のバス路線も次々と撤退し、一時は1系統を残すまでに減っていた。それでも南口には商店街が誕生し、法政大学工学部、東京農工大学の学生の利用が増えたほか、宅地化が進んで通勤客も次第に増えていった。

昭和59年(1984)に貨物取扱いが廃止され、広大な跡地の再開発が計画されているが、小金井市の都市計画との関係もあっ

て、着工は高架化の完成後に持ち越されそうである。東小金井駅は幹線道路から離れている駅の一つで、駅前への自動車の乗り入れやバス路線の設定がむずかしかったが、これも再開発で解消されることだろう。

駅前広場も整備されていたが、高架線工事で臨時の建物が並んだ。橋上駅なので自由通路を兼ねた広い階段がこの駅の特色だった。平成19年6月23日　写真：山口雅人

高架化工事によって上下線とも仮設ホームが建設された。従来なかった中線も設置されたが、これは高架後も引き継がれる。電車は上り東京行きのE233系。平成19年6月23日　写真：山口雅人

高架化工事の模様を跨線橋から見る。下り線が先に完成し、平成19年7月1日から使用を開始した。電車は大月行きの201系。周辺の建物が増えたが、それでも緑の多い郊外風景をとどめている。平成19年6月29日　写真：山口雅人

# 武蔵小金井駅

東京都小金井市本町6丁目
東京駅起点29.1km
開 大正15年(1926)1月15日
（仮乗降場は大正13・4・4）
乗 5万5225人

下り方向を望む。中央の三角屋根が大正15年開業以来の南口本屋。右下の跨線橋も開業以来のもので、ホーム中ほどの橋は増設したもの。平成9年12月4日　写真：水澤静男

駅西側の跨線橋から東京方向を望む。右が下り線用の高架で、すでにホームの工事も完成している。地平ホームの右が下り線、左の2線が上り線。完成後は2面4線の高架駅になる。平成19年6月28日　写真：大野雅弘

長年親しまれてきた南口の緑瓦の三角屋根駅舎も、上り線高架化完成時に解体されることになるという。平成20年2月20日　写真：大野雅弘

　小金井は江戸時代から玉川上水に沿った桜の名所として知られ、観桜客のために仮乗降場が設けられたのが駅の起源となった。大正15年（1926）に旅客駅となり、対向ホーム2面2線の簡素な駅が誕生した。駅舎は三角屋根を持つ南口だけであったが、昭和11年（1936）9月に北口が開設された。駅の周辺は戦後まで一面の畑だったが、その畑の中に昭和34年（1959）9月、広大な武蔵小金井電車区（現・豊田車両センター武蔵小金井派出所）が開設された。それに伴って駅も2面3線に改良され、当初は始発電車が多数設定された。それが人気を呼んで市内の宅地化に拍車がかかり、小金井市の地価は高騰していった。
　平成11年（1999）に着工した三鷹―立川間の高架化工事では駅東側の小金井街道（府中―清瀬間の幹線道路）の踏切が線路の付け替えで横断距離が長くなり、開かずの踏切とあいまって世の批判を浴びた。が、平成19年（2007）7月1日に下り線が高架化され、渋滞はほぼ解消している。
　当駅は小金井公園、江戸東京たてもの園、多磨霊園、府中運転免許試験場などへの最寄駅なので、下車する人も多い。市内は学校の多い住宅都市で、目立つ産業はない。

105

北口駅前広場。駅舎としては二代目で、改良を重ねながら高架化工事開始まで使用された。跨線橋は東京寄りとホーム中ほどにあった。ここに見えるのは中ほどの橋。昭和41年9月15日　北口駅前　写真：荻原二郎

武蔵小金井―国分寺間の畑に電車区を開設。平坦にするため電車と同じ平面だった畑をかなり掘り下げた。昭和34年9月に完成。昭和33年6月　写真：水澤静男

上りホームは片面から島式に改造され、内側の2番線は武蔵小金井始発の電車や通過待ちなどに使われていた。片面の下り1番線ホームを165系の急行「アルプス」が通過してゆくところ。昭和42年5月5日　写真：毛呂信昭

運転本数の多い中央線と、交通量の多い小金井街道（府中〜清瀬）が平面交差するため、線路が3本だった時代から開かずの踏切として名を知られていた。カナリヤ色の「よしの観梅号」御嶽行きがやって来た。昭和41年2月11日　写真：毛呂信昭

高架化工事に関連して仮設ホームに合わせて度々の線路付け替えが行われた。平成19年7月1日以降は下り線が高架上に移ったので、左の上り線2本となり、この小金井街道の〝開かずの踏切〟も開き時間が増えた。平成19年6月28日　写真：大野雅弘

106

国分寺駅

| 開 | 明治22年（1889）4月11日 |
| 乗 | 10万4866人 |

東京都国分寺市本町2丁目
東京駅起点31.4km

切り通しに設けられた国分寺駅は、北口の駅舎、広場もホーム高さに合わせて掘り下げたのでかなり低い位置にあった。戦後は利用客が増えて手狭になっていた。昭和41年2月11日　写真：荻原二郎

現在の北口駅前。特別快速の停車と将来の複々線化に備えて駅が大改良され、南北自由通路を持つ橋上駅になった。旧北口は左に少し坂を降った所。貨物側線の跡地に南口の駅ビルが建ち、丸井の入店したのが目立つ。平成19年6月29日　写真：山口雅人

南口駅舎は切り通しの高台の端にあった。北口に比べて商業施設は少なかったが、北口から南口へターミナルを変えたバス路線が増えてから混雑するようになった。現在は駅舎下の旧貨物側線も、駅舎も、道路もすっぽり駅ビルに取り込まれている。昭和41年2月11日　写真：荻原二郎

武蔵野台地には所々に谷間があるが、国分寺駅は谷間に臨む台地の端を切り通しにして建設された駅である。旧貨物ヤードを含めた駅構内だけでなく、旧北口駅前広場一帯も駅に合わせて土地を掘り下げた跡が今でも駅て見てとれる。平坦な甲武鉄道の路線の中では指折りの大工事だったに違いない。

開業5年後の明治27年（1894）12月21日に川越鉄道（現・西武国分寺線）が開通、明治43年（1910）に東京砂利鉄道（大正9年5月に国鉄が譲受、通称・下河原線となる）が開通、昭和3年（1928）4月6日に多摩湖鉄道（現・西武多摩湖線）が開通、昭和9年（1934）4月2日に下河原線から分岐する北府中—東京競馬場前間が開通して、国分寺駅は交通の要衝として発展していった。

もともと国分寺一帯は名所旧跡が多く、天平13年（741）に建立の武蔵国分寺（現・武蔵野線の西国分寺—北府中間の東側に遺跡が保存されている）は、全国の国分寺の中でも最大級の規模だった。その近くには名水百選に選ばれたハケ（国分寺崖線の崖下）に沿ったお鷹の道、真姿の池などの湧水群があり、駅南口前には殿ヶ谷戸庭園（旧・岩崎家別邸）がある。

107

島式の旧中央線上りホーム2番線に到着した東京競馬場前発千葉行きの臨時電車。先頭はクモハ40形の増結車。左に下河原線用の101系が停まっている。昭和38年5月26日　写真：上原庸行

旧2番線を発車した東京競馬場前発千葉行きの臨時。カナリヤ色の101系。国分寺駅構内は広く、常に貨車の姿があった。昭和40年5月30日　写真：上原庸行

3面5線となった現在は、中央線のホームが南口側から1～4番線、西武国分寺線のホームが5番線となっている。3番線から中央特快の東京行きが発車、4番線に上り快速東京行きが待避中。平成19年6月29日　写真：山口雅人

下河原線（貨物）の北府中の南で分岐して東京競馬場前へ向かう電車は、国分寺駅貨物ヤードの片隅に設けられた島式ホーム（旧4・5番線）から発着していた。日中はクモハ40形の単行、ラッシュ時には101系の5連が運行され、競馬開催日には東京、千葉から臨時電車が運転されていた。現在、このホームがあった場所は駅ビルの中心部分になっている。昭和46年4月7日　写真：毛呂信昭

現在はホーム番号が南北で逆になったので、左の西武国分寺線が5番線（旧1番線）、中央線の上りが4番線（旧2番線）となった。左上の建物は西武多摩湖線連絡通路。平成19年6月29日　写真：山口雅人

長らく農村地帯だったが、鉄道が開通してからは市街地化が進み、東京経済大学のほか学校、企業、研究機関も進出してきた。中でも広大な自然林と美しい庭園を敷地内に持つ日立製作所中央研究所は知名度が高い。

昭和48年（1973）4月1日に武蔵野線が部分開通し、線路が並行する下河原線が廃止された。昭和63年（1988）12月1日に駅の改良工事が完成して、橋上駅化されるとともに、それまでの2面3線から3面5線の大駅になった（このうち旧北口本屋側にある現5番線ホームは西武国分寺線が使用）。同日から特別快速の停車駅、通過列車の待避駅になった。

平成元年（1989）3月には南側の旧貨物ヤード跡に駅ビルが竣工し、丸井が入店した。ビルとしては地階に相当する食品売り場が低位置にあるホームからガラス窓越しによく見えるというユニークな設計になっている。

108

# 西国分寺駅

東京都国分寺市西恋ケ窪2丁目
東京駅起点32.8km
開 昭和48年(1973)4月1日
乗 2万4334人

武蔵野線の旅客電車が運行開始された昭和48年4月の開業。武蔵野線の各駅と同様、非常に簡素な造りの駅である。昭和58年10月2日　写真：沢柳健一

現在も駅そのものに大きな変化はないが、周辺には高層のマンションが増えた。平成19年6月29日　写真：山口雅人

武蔵野線との連絡駅として開設された駅。武蔵野線は都心部から貨物輸送を迂回させるために建設された東京外郭環状線で、鶴見—西船橋間100.6kmという長距離路線。昭和39年(1964)に着工した。その後、府中本町—西船橋間に旅客電車を運転することになり、府中本町—新松戸間が部分開業した昭和48年(1973)4月1日からこの区間の電車運転が開始された。

それに合わせて武蔵野線と交差する国分寺—国立間に当駅が設置された。国鉄時代に建設された武蔵野線の各駅は当時の財政上の理由もあってか簡素な造りで、西国分寺駅もその例に漏れず質素そのものである。中央線は従来の切り通しを削って相対式ホーム2面2線としたが、将来の複々線化を見込んで上下ホームの外側には1線ずつ増設できる用地が確保されている。

中央線をまたぐ武蔵野線のほうは相対式のホームと貨物列車が通過する中線が設けられた。武蔵野線は昭和53年(1978)10月に全通し、現在は府中本町—東京・南船橋・海浜幕張間の電車が運行されている。駅の周辺には住宅やマンションが増えたが、商業施設は小規模で、新設駅の先輩・東小金井と似た閑静な趣のまま推移している。

相対式2面2線の単純なホームだが、将来の複々線化に対応するため、両脇に1線ずつ線路用地が確保されている。線路の上が駅の本屋と武蔵野線のホームで、乗り換え階段はやや複雑。101系の上り快速が停車中。昭和58年10月8日　写真：巴川享則

バリアフリー化と駅ナカ店が増えた他は、ホームに大きな変化は見られない。E351系の「スーパーあずさ」が通過していく。平成19年8月6日　写真：山口雅人

高尾方向を望んだもの。201系の特別快速東京行きが通過していく。前面の特快のサボはJRになってから取り付けられたタイプで、かなり長く使われた。昭和62年9月14日　写真：巴川享則

国立駅

|開|東京駅起点 34.5km|
|乗|5万4979人|
|開|大正15年（1926）4月1日|

東京都国立市北1丁目

大正15年に建てられた三角屋根のスマートな駅舎。計画的に開発された国立の街のシンボルとして親しまれてきたが、高架化工事のため、平成18年秋に取り壊された。駅前は英国式の広いロータリーだが、信号のない英国と違って信号アリ、車線は複雑。昭和63年1月3日　写真：巴川享則

三角屋根の駅舎が消えたあとは高架化工事が進んで殺風景。やがてこの街にふさわしい新しい駅が顔を見せることだろう。平成19年8月6日　写真：山口雅人

大正末期に堤康次郎氏率いる箱根土地（国土開発、コクドを経て現・プリンスホテル）が当時の北多摩郡谷保村内を開発して学園・住宅都市の建設を計画し、大正15年（1926）に駅を建設して鉄道省に寄付したのが国立駅である。国分寺と立川の中間なのでそのように命名された。

旧谷保村の名は村内の谷保天満宮からきた由緒あるものだが、昭和4年（1929）12月に南武鉄道（現JR南武線）が「谷保」駅を開設した頃から次第に新住民が村の名を「ヤホ」と呼ぶようになった。現在は「谷保天満宮」と国立市内南部の町名に「谷保」が残るだけになっている。

国立駅は2面3線の瀟洒な駅で、昭和37年（1962）10月まで南側に貨物ホームも備えていた。南口の三角屋根の駅舎が町のシンボル的存在となり、駅前の英国式ロータリー、南武線の谷保駅方面に1.8kmも続く幅員40mの大学通り、駅から放射状に南西に伸びる1.3kmの富士見通りと南東に向かう0.7kmの旭通りなど、どこか日本離れした景観を見せている。

学校も誘致によって大学通りに一橋大学、国立音楽大学（現在、大学は立川市内に移転、附属高校が残る）がキャンパスを構え、さらに桐朋学園、国立学園、NHK学園などもあって、すでに昭和27年（1952）には文教地区の指定を受けている。大学通りには桜と銀杏が交互に植えてあって、春と秋には美しい景観を見せる。駅周辺には若者向けの商店が続くが、居酒屋や凝った喫茶店も多いのはオトナの街でもある証し。住宅地も整然とした区画によって風格の

ある街並みを見せているが、田園調布や成城学園前のように高級志向で分譲されたものではないので、区画は比較的狭い。シンボルの三角屋根の駅舎は東京都内の木造駅舎では原宿駅に次いで2番目に古い貴重な産業遺産だったが、中央線の高架化工事のため平成18年（2006）10月に解体された。現在、その旧資材は市で保管しており、将来は別の場所で保存展示する計画がある。

下りホームから東京方向を望む。右側にはかつて貨物ホームもあった。昭和62年6月13日　写真：巴川享則

上り快速東京行きの201系。国立駅は中央線の近郊区間では唯一、上り線と下り線のホームの位置が食い違いになっていた。下りホーム左側にも線路が敷ける構造にはなっていたが、実現しなかった。昭和62年9月23日　写真：巴川享則

高架化工事のため、仮設の島式ホーム1本になっている。高尾方向を望んだもの。平成19年7月16日　写真：山口雅人

立川駅

```
東京都立川市曙町2丁目
東京駅起点 37.5km
開 明治22年（1889）4月11日
乗 15万2974人
```

# 立川駅

北口の駅舎は屋根の下に入るとすぐ改札口という狭さで、常に混雑していた。昭和57年に橋上駅化され、駅ビルが完成してからは多摩地区有数の大駅に変身した。昭和40年8月29日　写真：荻原二郎

現在の北口はペデストリアンデッキでデパートやモノレールに連絡している。デッキの下はバスターミナル。平成19年7月16日　写真：山口雅人

立川駅は吉祥寺駅、八王子駅と並ぶ中央線多摩地区の拠点駅で、現在は3駅の中で利用客数が最も多い。

甲武鉄道が開業した当時は武蔵野台地の農村地帯だったが、明治27年（1894）11月に青梅鉄道が乗り入れて石灰石の輸送が始まり、大正11年（1922）には陸軍立川飛行場が完成して駅の周辺は急速に開けていった。昭和4年（1929）12月に東京―浅川（現・高尾）間全線の電化が完成、同年12月には南武鉄道、翌5年7月には五日市鉄道が立川駅まで開通して「鉄道の町」になった。

立川駅は青梅線と中央線が各1面2線、南武・五日市線が1面2線を共同使用し、貨物ホームと広大な貨物ヤードも設けられて、常に入れ換えの蒸機と多数の貨車の姿が見られた。戦前・戦中は航空機製造を担う軍需工場が立川飛行場の周辺に集中したため通勤客が増え、駅は早くから手狭になっていた。軍都立川は隆盛を極めたが、それだけに米軍の空襲にも執拗なものがあり、市街地の大半を焼失した。

戦後は飛行場が米軍に接収され、立川は基地の街として名を高めた。昭和25年（1950）6月に勃発した朝鮮戦争当時は中

南口は北口以上に小さな駅舎だった。駅前広場も狭く、戦後風景が残る商店街が広がっていた。昭和40年8月29日　写真：荻原二郎

都市計画が軌道に乗り、近年見違えるように美しい街になった。南口にもペデストリアンデッキが設けられ、モノレール駅や商業施設への通路となっている。平成19年7月16日　写真：山口雅人

央線経由で立川基地に到着する傷病兵輸送列車と燃料輸送列車、破損した戦車・トラックを応急修理のため立川の旧飛行機工場に送り込む軍用貨物列車が頻発運転され、立川駅構内は米軍用の列車であふれ返った時期もあった。

戦後の復興は早いほうだったが、立川駅北口の駅舎は大正初期の小さなもので、ビルの増えた街の玄関にふさわしくなかった。昭和57年（1982）10月に橋上駅が完成し、北口には駅ビルが完成、ルミネが入店した。平成10年（1998）11月に多摩都市モノレールが部分開業して立川北駅を開業、同12年（2000）1月に上北台―多摩センター間が全通して立川南駅を開業した。JRの立川駅は北口、南口ともにペデストリアンデッキでモノレール駅、デパートなどと直結した。

現在の立川駅は貨物扱いも廃止され、側線が減って旅客ホームが主体になっている。青梅線が1・2番線、中央線が3～6番線、南武線が7・8番線となり、中央線のホームが倍増したため、かつての大混雑風景は消えた。

旧飛行場跡の米軍基地は昭和52年（1977）に返還され、跡地はさまざまに有効利用されているが、最大の施設が昭和天皇在位五十年を記念して昭和58年（1983）10月に開園した国営昭和記念公園である。130haに及ぶ広大な花と緑の公園は北口から徒歩8～10分と近い。

114

立川駅

立川ー浅川（現・高尾）間の小運転用の101系。昭和34年11月から40年9月まで、日中の電車を東京ー立川間の運転とし、利用客の少なかった立川ー浅川間には101系の2連または4連（後に3連）を使った小運転が行われていた。70系山用4連もときどき小運転に使われていた。昭和35年7月13日　写真：上原庸行

右の5番線（現・4番線）に甲府方面から到着した中距離電車の115系が停車中。左の6番線（現・5番線）には青梅・五日市線用の201系が回送になって停車中。平成19年7月16日　写真：山口雅人

5番線（現・4番線）ホームに停車中の立川始発の快速東京行き。201系としては最も脂の乗り切っている時期だった。昭和62年6月13日　写真：巴川享則

4番線（現・3番線）を発車して東京方面へ向かうE233系快速。三鷹ー立川間の高架化に合わせて立川駅構内も諸工事が続いている。平成18年6月23日　写真：山口雅人

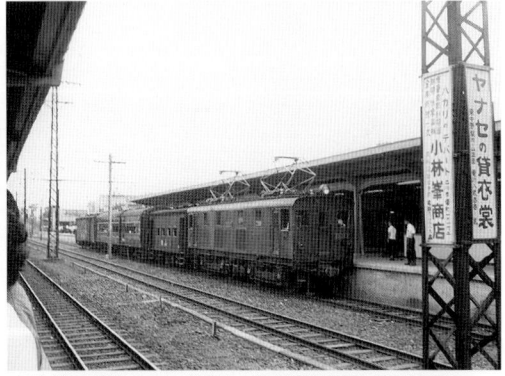

3番線（現・2番線）ホームに停車中の車両限界測定列車（3両目の客車に測定の装置が設置されている）。牽引は旧南武鉄道から編入のED342。昭和36年にED27形に改番された。昭和36年6月22日　写真：上原庸行

# 日野駅

東京都日野市大坂上1丁目
東京駅起点 40.8km
**開** 明治23年(1890)1月6日
**乗** 2万7288人

駅が現在地に移転したときに建設された民家風の駅舎。当時は駅周辺が水田地帯だったのでそれに似合うデザインとなった。昭和40年8月29日　写真：荻原二郎

その後のレトロブームや新撰組の人気で駅も時代色を強めた装飾を施すようになった。手入れが良いので、古くて新しい印象。駅前の甲州街道（国道20号）も拡幅された。平成19年8月6日　写真：山口雅人

立川を出た下り電車はすぐ武蔵野台地西端の切り通しを進み、それを抜けると築堤に出る。多摩川を渡ると甲州街道との交差地点で島式ホーム1本の日野駅に到着する。開業当時の日野駅はこれより300mほど八王子寄りの日野台地の東端にあった。複線化された昭和12年(1937)6月に現在地に移動し、その時に今も人気を集めている入母屋屋根の民家風駅舎がお目見えした。

日野は甲州街道の古い宿場町で、新撰組の土方歳三、井上源三郎の出身地としても知られている。駅周辺の多摩川沿いの低地には水田、日野台の上には畑が広がっていたが、昭和初期の不況時に生き残りをかけて日野台に企業を誘致、日野自動車、小西六写真工業（現コニカミノルタ）、オリエント時計（現セイコーエプソン）、富士電機、東芝、神鋼電機（現在は撤退）などが工場を並べた。

戦後は学校誘致にも力を入れて、実践女子大、明星大、首都大学東京などが開校した。

市内の観光地は北部の中央線沿線が新撰組の史跡めぐりと新撰組のふるさと歴史館の見学など、南部の京王線沿線が高幡不動

116

日野駅

日野駅を発車して切通しを進むと、やがて日野台地から平地に出る。周囲は一面の田圃だった。立川—浅川間の区間運転の101系4連（2連×2）が通過していく。昭和34年12月30日　写真：久保 敏

多摩の山並みは変らないが住宅が増えて緑が減った。この頃は201系の独壇場だった。
昭和63年10月16日　写真：巴川享則

上と同位置の現況。開発が進んで田園風景はほとんど消えた。多摩の丘陵地帯にも雛壇式の住宅が増えている。中央線の主役も世代交代が進んでE233系が投入されている。平成19年6月30日　写真：山口雅人

尊、多摩動物公園などとなっている。市内の大きな商業施設は隣りの豊田駅北口に集まっている。

# 豊田駅

```
東京都日野市豊田4丁目
東京駅起点43.1km
開 明治34年（1901）2月22日
乗 3万2828人
```

橋上駅化されたあとの模様。南口の駅前は小規模な商店街で、通り抜けるとすぐ住宅と畑が広がっていた。昭和40年9月29日　写真：荻原二郎

さらに駅が改良され、南口にも小規模な駅前広場が整備された。ビルが林立する北口に比べるとまだ畑もあって、郊外風景が残っている。平成19年8月2日　写真：山口雅人

現在は中央線の快速電車、同中距離電車（一部）、青梅・五日市線の電車を受け持つ豊田車両センター（旧・豊田電車区）の最寄り駅として当駅始発、当駅止まりの電車も多く活気に満ちているが、電車区の開設までは相対式ホーム2面2線の小さな駅で、駅舎も長らく南口だけだった。

駅の周辺も一面の畑で、少し西へ進むと多摩丘陵の麓を行く京王線の電車がよく見えていた。現在は中央・京王線ともに沿線の宅地化が進んだため互いに望むことはできない。

畑の中に豊田電車区の工事が始まったのが昭和37年（1962）。翌38年に一部留置線が完成した。41年（1966）に260両収容の武蔵小金井電車区豊田派出となり、同年11月10日に460両収容の豊田電車区が発足した。

これに合わせて豊田駅も2面4線のホームを持つ橋上駅に改築された。駅の北方の甲州街道沿いには戦前から大工場が並んでいたのだが、駅の北側が山林で道路も改札口もなかったため、通勤客は日野駅、八王子駅から路線バス、会社の自家用バスを利用していた。駅の改良と共に北口に北口広場と道路網が整備され、現在では北口が日野市最

# 豊田駅

豊田電車区が開設されるまでの豊田駅は、日野台地の麓に相対式のホームを持つ小駅で、南口、北口ともに畑が広がっていた。電車は高尾発立川行きの小運転電車。昭和35年11月から付属の3両編成が使用されていた。昭和36年8月26日　写真：荻原二郎

電車区の開設とともに駅の大改良が行われ、2面4線の大駅に生まれ変わった。始発・折返し電車も多く、次の八王子駅より本数が多い。平成19年8月2日　写真：山口雅人

大の商業地域となっている。南口も住宅が増えたが、今でも車窓からは畑の広がっているのが見える。

# 八王子駅

東京都八王子市旭町
東京駅起点 47.4km
開 明治22年(1889)8月11日
乗 8万1403人

都市計画に基づき、昭和27年に駅が東京寄りに若干移動した時に建設された駅舎。現在とほぼ同じ面積の駅前広場もこの時に完成した。 昭和42年10月1日 写真：荻原二郎

橋上駅化と北口の駅ビルが完成し、「そごう」が入店。駅前はペデストリアンデッキで駅周辺のビルや主要道路と結ばれた。デッキ下は多摩地区有数のバスターミナル。平成19年6月2日 写真：山口雅人

明治22年(1889)に甲武鉄道が開業した時の八王子駅は現在の駅より北東寄りの地に建設された。甲府方面への延伸のため明治30年(1897)8月1日に現在地へ移転し、機関区、貨物ヤードを備えた拠点駅となった。

明治41年(1908)9月23日に横浜鉄道(現JR横浜線)の東神奈川―八王子間が開通、大正14年(1925)3月24日に旧駅の近くに玉南電気鉄道(現・京王電鉄)の東八王子駅が開設されて、八王子は南多摩地区の交通の要衝となった。

さらに昭和5年(1930)12月20日に立川―浅川(現・高尾)間の電化、翌6年4月1日には浅川―甲府間の電化が完成、同年12月10日には八高南線(昭和9年に高崎まで全通して八高線となる)が開通するなど、ますます拠点駅としての重要度が増していった。

戦前・戦後の八王子駅のホームは3面5線で、2番線が八高線、3・4番線が中央線、5・6番線が横浜線という使い方が続いたが、大駅の割には窮屈だった。その後、改良が進んで現在は1番線が八高線 2番線が中央線上り、3・4番線が中央線下り、5・6番線が横浜線となっている。

駅舎は長らく北口だけで、昭和7年(1932)4月から、高尾橋(高尾山の登山口)

## 八王子駅

南口の開設は昭和25年と遅かった。橋上駅化されるまで開設当時からの駅舎が使われていた。昭和40年8月29日　写真：荻原二郎

橋上駅化された現在はエスカレータ付きの階段だけの施設になっている。駅前再開発で高層ビル建設の計画がある。平成19年8月2日　写真：山口雅人

へ向かう武蔵中央電気鉄道の路面電車が駅前に乗り入れていたが、昭和13年（1938）6月の部分廃止で駅前から撤退した。

八王子も空襲を受けて駅は焼失し、仮復旧の駅舎を使用していた。昭和25年（1950）8月に南口が開設されたが、当時は住宅と畑だけで、利用客は少なかった。

八王子市の都市計画に合わせて昭和27年（1952）に北口の駅舎を東京寄りに移動、現在の駅前広場と放射状の道路も完成した。本格的な改良工事は昭和50年代に入ってから、昭和58年（1983）11月に橋上駅と駅ビルが完成、デパートの「そごう」が入店した。

特急停車駅の八王子は、多摩地区では唯一の貨物取扱い駅でもある。構内には常に電気機関車と貨車の姿があり、往年と変わらぬ光景が今も見られる。

八王子市は戦後の広域合併で市域が拡大し、郊外地域、丘陵地帯への団地や大学の誘致に努めたので、駅から旧市内を素通りしてバスで通勤通学する人が増えた。さらに郊外に大駐車場付きの大型店舗が増えて市の中心部が空洞化してきたため、駅前や旧市内の再開発事業に取り組んでいるところである。

市内の観光地と織物の街であることをPRした駅名標。
昭和40年9月4日　写真：巴川享則

中央線のホームは島式の3・4番線だった。その高尾寄り西端から東京方向を見たところ。左の貨物ホームと建屋の一帯が昭和27年まで使われていた旧八王子駅本屋の跡。昭和42年12月1日　写真：毛呂信昭

八高線用のホームだった2番線に到着したED6117牽引の貨物列車。左は中央線上りホーム3番線。昭和36年7月23日　写真：巴川享則

中央線下りの4番線から高尾方向を望む。甲府方面行きの115系電車が停車中。左のホーム5・6番線は横浜線。八王子駅は貨物取扱い駅なので構内側線も多い。平成19年8月2日　写真：山口雅人

現在は八高線が1番線、中央線の上りが2番線（一部3番線）となっている。2番線にE233系の快速東京行きが到着したところ。平成19年8月2日　写真：山口雅人

# 西八王子駅

東京都八王子市千人町2丁目
東京駅起点49.8km
開 昭和14年(1939)4月1日
乗 2万9769人

昭和14年の開業以来北口だけで、駅前広場は戦後まで舗装されていなかった。駅の周辺には畑が多かったが、昭和30年代から急速に宅地化が進んだ。昭和42年10月1日　写真：荻原二郎

現在は橋上駅化され、南口には広いロータリーが設けられている。駅の周辺も住宅とマンションが増えた。南口の駅舎を見たところ。平成19年8月2日　写真：山口雅人

相対式2面2線の簡素な造りの駅として開業した。駅舎は北口だけで、昭和20年代末まで駅前は砂利の広場だった。広場の横の運送会社のトラックの群れが目立ち、商店が少し並んでいるだけの寂しい駅前だった。中央線の北側には多摩御陵の御造営に合わせて整備された銀杏並木の道路（甲州街道の一部、八王子市追分―高尾駅北口間）が並行しているが、駅の開設当時は畑の中の直線道路で、沿道には商店も住宅も少なかった。そこに京王電気軌道の路面電車（旧・武蔵中央電気鉄道）が走っていたが、西八王子駅が開設された当時は横山車庫前―高尾橋間が残っているだけだった。それも昭和14年(1939)6月に休止となって、同年12月に廃止された。

西八王子駅周辺の開発が始まったのは昭和30年代からで、またたく間に住宅地に変身した。利用客の増加で駅施設も手狭になったため、昭和52年(1977)12月に橋上駅化され、翌53年3月に南口が開設された。現在は北口、南口ともにバス路線も増えて通勤通学客をさばいている。

ホームも改良されているが、今では東京―高尾間で唯一、地平に2面2線の対向ホームを持つ駅として貴重な存在である。

ホームは相対式の簡素なものだった。下りホームから特別快速(立川以西は各駅停車)の高尾行きが発車したところだが、車掌は早くも方向幕を折返し「東京」行きの標示に変えてある。ホームの外には畑が見える。昭和42年10月1日　写真:荻原二郎

駅の周辺が市街地化したので、地平時代の阿佐ケ谷駅、西荻窪駅を思わせる情景となったが、こちらのほうがスマートに見える。平成20年3月11日　写真:大野雅弘

# 高尾駅

東京都八王子巾高尾町
東京駅起点53.1km
開 明治34年(1901)8月1日
乗 3万2074人

昭和35年4月25日から当時最新鋭のキハ55形による新宿―松本間の急行気動車「アルプス」2往復、準急気動車「白馬」2往復の運転が開始された。浅川駅(当時)の下り3番線を駆け抜けていく「アルプス」号。昭和35年7月31日 写真:久保 敏

旧称・浅川駅時代の駅名標。次駅の「さがみこ」も元は「与瀬」だったが、昭和31年に「相模湖」と改称されたもの。昭和36年3月11日 写真:荻原二郎

高尾山、武蔵陵墓地(大正天皇多摩御陵、昭和天皇武蔵野御陵)への最寄駅が高尾駅。ただし、地名に基づいて「浅川」駅として開設され、かなり後の昭和36年(1961)3月20日に知名度の高い高尾山にちなんで「高尾」駅と改称されたものである。

駅は関東平野の最西端部に位置し、ここから山梨、長野方面に向かって山岳地帯となる。中央線もこれより西は山岳路線となって利用客も減るため、開通当初から浅川駅(高尾駅)は近郊区間と遠距離区間の境界駅と位置づけられてきた。

現在は高尾以西からの通勤客も増えて東京駅から大月、河口湖などに直通する通勤電車も増えているが、依然として高尾始発の大月、甲府、小淵沢行きの中距離電車は多い(立川、八王子始発の甲府・松本行きの電車もある)。

高尾駅のホームは2面4線で、1番線が始発の上り電車専用であるほかは、上りの2番線、下りの3・4番線のすべてに折り返し東京方面行きの電車が発着する。そのため3・4番線から発車する下り甲府方面行き中距離電車とは同じホームでの乗り継ぎが可能になるチャンスが多い。

北口は甲州街道に近く、社寺建築風の駅舎がある。これは大正天皇大葬の時に大葬列車始発駅として新宿御苑に仮設された駅舎を昭和2年(1927)に移設したもので、旧大社駅(重要文化財。島根県

125

下り4番線に70系中距離電車が停車中。115系が登場後もしばらく共存して高尾以西の普通電車で活躍を続けた。左の高架線は昭和42年10月1日に開通した京王高尾線。新宿―高尾間のライバルに成長していった。昭和42年10月1日　写真：久保　敏

社寺風建築の北口駅舎は健在。駅名標も民芸調のものになり、観光色が強くなった。高尾山への行楽客は大半が京王高尾線に乗り換えるので、北口の利用はほとんどが地元の通勤通学客。平成19年6月30日　写真：山口雅人

出雲市）と同じ曽田甚蔵の設計になるものである。3・4番線のある下りホームには高尾山薬王院にちなんだ天狗の石像があって、これも高尾駅のシンボルとなっている。
当駅から高尾山への足は、昭和4年（1929）から甲州街道上を武蔵中央電鉄の路面電車が山麓の高尾橋まで走っていたが昭和14年（1939）に廃止され、以後は長らくバスまたは徒歩となっていた。
昭和42年（1967）10月1日に京王帝都電鉄（現・京王電鉄）の高尾線が開通し、途中で立ち寄る高尾駅からは2分で高尾山口駅へ到達できるようになった。以後は中央線側から高尾山へ向かう行楽客は当駅で京王高尾線に乗り換えるのが標準コースのようになっている。
高尾駅は通勤電車区間の終着駅でもあるので、終電には当駅まで乗り過ごして来る泥酔の乗客が多い。これも当駅名物の一つになっており、年末にはTVでよく取り上げられる。
そうした人間臭さを取り去れば、目の前が多摩の山並みなので空気清涼、外へ出て少し歩けば四季折々の自然が楽しめる駅である。

## 高尾駅

駅名標示のみ「高尾駅」に変わった。昭和36年8月26日　写真:荻原二郎

高尾駅は明治34年の開業以来「浅川」だった。昭和36年3月20日に「高尾」と改称した。改称直前の「浅川駅」の駅名を掲げる北口の駅舎。昭和36年3月11日　写真:荻原二郎

高尾山にちなんだ石造天狗面が置かれた3・4番線ホーム。2番線を183系の上り特急「あずさ」が通過していく。左の構内側線には中距離用の115系が憩っている。昭和61年10月18日　写真:巴川享則

2番線をE257系の上り特急「かいじ」が通過中。下り3番線には信州カラーの中距離115系が停車中。駅に大きな変化はないが、ホームの足元に「女性専用車」の乗車位置案内が出ていて時代の変化を感じさせる。平成19年6月19日　写真:山口雅人

大正拾弐年九月一日
# 関東地方大震火災
# 鉄道被害写真

◆撮影：東京鉄道局（生写真）。所蔵：三好好三

　大正12年（1923）9月1日に発生した関東大震災は、首都圏の鉄道に未曾有の被害をもたらした。その被害状況の写真244点を路線別に収録した『関東地方大震災火災写真帖』が翌大正13年に東京鉄道局から刊行された。この写真帖の原本（元原稿）だったと思われる手作りの写真集が昭和40年に阿佐ケ谷の古書店に埋もれていたのを入手した。B4変形60ページで、震災直後に撮影されたキャビネ判主体の生写真256点に手書きの写真タイトルが添えてある。中央線は下町の東京―飯田町間の火災による被害が大きかったものの、大半は地盤の固い武蔵野台地を走る路線だけに他の区間の被害は軽微だった。そのため中央線関連の被害写真は25枚と少ないが、ここではその中から6点を抜粋してみた。（三好記）

**東京駅／第四乗降場ヨリ見タル鉄道省焼跡ノ惨状**

第四乗降場は現在の9・10番線ホーム。当時は高架ホームの最も東端になっていて、八重洲、日本橋方面が望遠できた。高架下には機関区、客車基地があり、鉄道省関係の建物があったが、すべて焼失した。遠方のビル群は中央通り（新橋―上野）に面して並んでいたもの。

**神田駅／構内建物全焼跡ノ光景**

高架上の神田駅は震災時の火災で全焼した。東京駅側から上野方面を望んだもので、左の2線が中央線と島式ホーム。ホームの上屋は焼け落ちている。中央から右側にかけては東京―上野間を結ぶ高架複々線（電車用と列車用）が工事中だった。神田駅北側まで構造物は完成していたが線路はまだ敷設されていなかった。上野まで完成して山手線、京浜線（現・京浜東北線）と東海道、東北線を直通する列車（荷物列車と不定期列車）が走り始めるのは2年後の大正14年11月からである。

**万世橋駅／正面ヨリ見タル本屋焼失ノ残骸**

東京駅に似た美しい赤煉瓦の万世橋駅も焼け落ちたが、駅前広場の広瀬中佐の銅像は健在だった。駅前の市電が通る広い道（中央通り）には被災者が慌しく行きかう姿が見られた。復興事業が始まると万世橋駅は簡素な造りに改築され、道路も付け替えられて駅前の道は狭い裏通りに変わった。

**万世橋駅／御茶ノ水方面ヨリ見タル本屋及乗降場上家焼失跡ノ惨状**

電車用ホームの屋根が一部崩壊している。左は列車用のホームだが、この当時はすでに使用されなくなっていた。万世橋駅は昭和18年に廃止され、現在もホーム跡が残っている。復旧後の万世橋駅本屋と高架下は昭和11年4月から平成18年5月まで「交通博物館」として使用されていた。

**御茶ノ水駅／本屋全焼跡ノ光景**

複々線化以前の御茶ノ水駅は御茶ノ水橋の西側、水道橋寄りにあった。相対式2面2線の簡素な電車専用駅で、橋の南詰めに駅の本屋があって階段でホームに降りるようになっていた。写真は上りホームから東京方向を見たもの。ホームの左は外濠（神田川）の崖になっていた。

大正拾弐年九月一日関東地方大震火災 鉄道被害写真

**御茶ノ水駅附近／土砂及線路土留石垣崩壊外濠埋没ノ惨状**
**（線路ハ土砂崩壊ト同時ニ外濠ニ決壊）**

御茶ノ水付近は外濠（神田川）に沿う駿河台の崖を削って中央線の線路が通っているが、大震災で駿河台の崖が崩落し、神田川を埋め尽くした光景。擁壁の石垣・コンクリートと中央線の線路が対岸まで崩れ落ちた。この箇所は複々線化された現在も修復の跡がはっきり残っている。（P58中・下段の写真参照）所蔵；山口雅人

**飯田町駅／構内線路及建造物焼失跡並客車全焼ノ惨状**

中央線のターミナルであった飯田町駅付近は地盤が軟弱で線路に被害が出たほか、火災によって駅施設が壊滅状態になった。列車ホームには焼失した客車が見られ、右には骨組みだけになった電車ホームが見える。左側の低地に広がる貨物ヤードも焼け野原と化している。昭和8年に長距離列車が新宿始発になった後、飯田町の旧列車ホーム跡は昭和40年代末まで中央線の客車洗浄線として使われていた。

# 中央線一二〇年のあゆみ

塚本雅啓

## 甲武鉄道の設立と開業

現在の中央線の電車区間（東京―高尾間）の起源は、内藤新宿（現在の新宿）から羽村まで、玉川上水に沿って馬車鉄道を開業させようという動きだった。東京の有志が明治16年（1883）頃に計画したもので、多摩西部の農産品や奥多摩で産出する石灰の輸送を目的としたものといわれる。玉川上水の堤防に線路を敷く計画で請願したが、当時の東京府は不許可とした。

次に現れた計画は明治19年（1886）で、甲武馬車鉄道が新宿―八王子間に馬車鉄道を計画した。しかし、この頃は各地に汽車（蒸気機関車による鉄道）の建設が相次いでいたことから汽車鉄道に計画を変更して請願を行った。

同じころ、甲州（現在の山梨県）地区と開港地の横浜を結ぶ計画から、川崎―八王子間の鉄道計画が浮上していたが、都心部に近い新宿を起点とした甲武鉄道に免許状が下付され、現在の中央線の建設が開始された。

路線の開業は、新宿―立川間が明治22年（1889）4月11日、立川―八王子間が同年8月11日だった。

鉄道建設に際して、甲州街道沿いの人々が建設に反対し、やむなく東中野付近から地図上に一直線に計画線を書き込んだといわれているが、一部に建設反対の動きはあったかもしれないが、真偽のほどは定かではない。ただし、当時は新宿から先は一面の武蔵野の原であり、雑木林や田園地帯が散在するだけの土地で、ところどころで線路と交わる道路付近に人家が建っているくらいだったので、建設しやすかったのは確かである。

明治末期の甲武鉄道多摩川鉄橋の様子。所蔵：山口雅人

## 甲武鉄道の建設

甲武鉄道には鉄道を建設する技術はまだなかった。そこで官設鉄道の技術力を借りて建設してもらうこととした。

起点は日本鉄道が品川線として開通させた路線の新宿なので、甲武鉄道は日本鉄道の支線的な立場にあった。日本鉄道も、開設時には鉄道建設の技術者がいなかったため、官設鉄道に委託して建設を進めていったものである。

路線は新宿を発車後、品川線から別れると北西に進み、大久保の先で緩く左にカーブ、神田川を渡ると立川まで一直線の線路を走る。一直線なのは鉄道の建設の用地基準線で、レールは駅に差し掛かるとホームの関係で左右に若干のカーブがあった。また、新宿―立川間では、神田川や善福寺川、野川の源流部などを渡るので、その前後の地形は傾斜しており、国分寺付近から現在の国立付近には多摩川の段丘線である国分寺崖線を勾配のある切り通しや築堤を建設して通過している。

最大の工事は多摩川橋梁と浅川橋梁の架橋であった。開業時の多摩川橋梁の橋脚や橋台の一部は、路線開通当時のレンガ造りのまたる切り通しに架かっている跨線橋の橋台の一部は、路線開通当時のレンガ造りのまである。通称「ポーナル桁」が現在も上り線用として健在である。また立川を出て多摩川にいたる切り通しに架かっている跨線橋の橋台の一部は、路線開通当時のレンガ造りのまである。

なお、開業当時の八王子駅は、浅川を渡って右にカーブした直線の延長上にあり、現在の京王八王子駅の付近で行き止まりになっていた。開業時に開設した駅は、新宿、中野、境(現在の武蔵境)、国分寺、立川、八王子の6駅で、開業の直後から次第に途中駅が開設されていった。

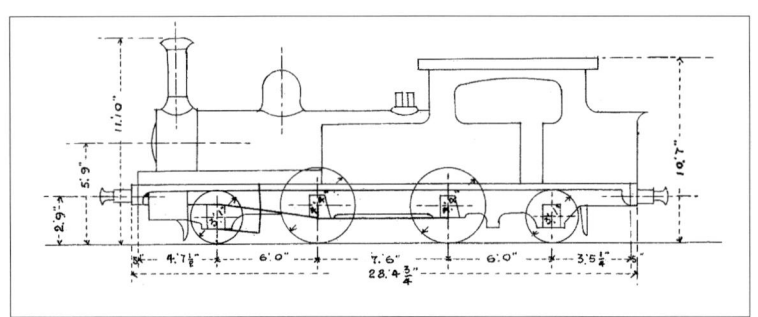

甲武鉄道四輪連結タンク式機関車141・143号機　ナスミス・ウイルソン製　所蔵:塚本雅啓

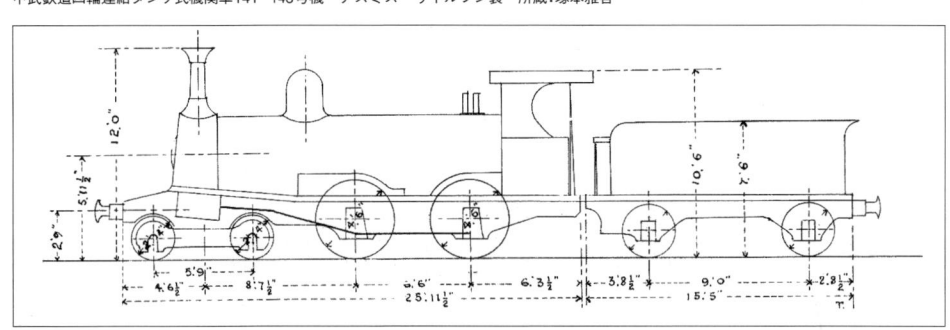

甲武鉄道四輪連結テンダ式機関車192号機　ネルソン製　所蔵:塚本雅啓

## 八王子以西の建設

中央線の名称は、本州の中央部を経由して東京と名古屋を結ぶ路線という意味から付けられた路線名である。すなわち、軍部が主張する軍事上で不利な太平洋沿いの経由を避け、かつ、鉄道創業当時に東西連絡線（東京と京都を結ぶ）のルートの一つであった中山道線の一部を形成する意味合いを持っていた。

しかし、当初の八王子以遠の建設計画では、筑摩地方（長野県松本付近）と首都を結ぶ鉄道路線として、甲信鉄道という民間会社が御殿場から甲府を経て、松本に至る路線として計画されていた。しかし、御殿場―甲府間は技術的な問題から許可されず、甲府―松本間だけが許可された。一方、日本の幹線鉄道の建設は政府が主導すべきであるという意見が出され、明治25年（1892）には鉄道敷設法が公布されて、その中に現在の中央本線の基本となる建設計画（ルートはかなり大雑把だった）が盛り込まれていた。そこで、民間よりも政府主導で建設した方が得策ということで、甲信鉄道は免許を返納し、以後、中央線は官設鉄道として建設が進められていった。工事は八王子と名古屋の双方から進められ、八王子―上野原間が明治34年（1901）8月1日に開通したのをかわきりに、明治36年（1903）6月11日には甲府に達し、明治44年（1911）5月1日に中央線は全通した。

八王子からの延長線を市街地の南側に建設するにあたっては、八王子駅を市街地の南側に移転し、線路を延ばしていった。現在は電車区間である八王子―高尾間は、開業時は東西連絡という大きな目的を持つ路線の一部であった。

八王子旧駅に停車する甲武鉄道の上り列車。ホームの向こう側には茅葺き農家や畑が見える。明治20年代後半　所蔵：巴川享則

## 市街線の建設

新宿を起点としていた甲武鉄道は、独自のルートで都心部への延長を計画していた。しかし、新宿以西の武蔵野の原野とは異なり、市街地は人家が多く、建設用地の確保にはかなり苦労することになった。その結果、現在の代々木駅で日本鉄道の品川線と別れて東に向かい、四谷の台地をトンネルで抜け、外濠の一部を埋め立てて神田三崎町に達するルートを選定したが、四谷の台地上には赤坂離宮（現在の迎賓館）があり、外濠の埋め立てには反対意見が出され、三崎町付近の軍用地払い下げも難航

したと伝えられている。

地形的な制約から急曲線は多くなったが、明治27年（1894）10月9日には新宿―牛込（現在の飯田橋駅の西側）間が、28年（1895）4月3日には飯田町まで開通した。この飯田町駅は現在の飯田橋駅の南東側に位置しており、当時は商工業の中心だった隅田川への輸送に適した水運の便に恵まれ

四谷見附付近より陸軍士官学校の遠望と解説がついている東京名所絵葉書。現在の市ケ谷―四ツ谷間にあたる。まだ複線時代の絵葉書。所蔵：山口雅人

た地で、本社もここに建設された。その後、さらに都心部に向かって線路が伸びたことと、長距離列車の発着が新宿に変更されたことから、昭和8年（1933）に旅客営業を廃止した後は貨物駅になった。機関区と客車区は存続したが昭和40年代に廃止され、貨物駅の営業も平成11年（1999）に廃止されて、現在は鉄道駅の面影は何も残って

外濠の一部を埋め立てて四ツ谷駅が開業した頃の光景。所蔵：山口雅人

いない。

市街線はさらに延長され、明治37年（1904）12月31日に牛込―御茶ノ水（現在駅と位置が異なる）間が開通した。同年8月21日には飯田町―中野間の電化工事が完成し、電車運転を開始していたので、御茶ノ水への延長線も電車区間として開通した。

## 電化と電車運転

甲武鉄道が電車運転を開始したのは蒸気機関車に客車を連結して運転していたのでは輸送需要に応えられず、蒸気機関車の煤煙も問題視され始めたので、600Vで直流電化し、電車の頻発運転を目指すことにしたものであった。

電化区間は飯田町―中野間で、新宿には車両基地である新宿電車庫が設置された。配置された電車は、いわゆる四輪単車で、路面電車を少し大きくした程度の電車だったが、床面の高さは鉄道用の客車と同等の高いものだった。路面電車との最大の相違は、付随車を連結して運転するために、総括制御が可能なことであった。

電車は電動車が28両、付随車が4両（一部は国有化後に増備された）造られた。こ

の電車は3等電動車として登場したが、後に片運転台化や荷物室合造車などへの改造や、付随車から電動車への改造、さらに電動車から制御車への改造などが行われた。この28両の電動車と4両の付随車の合計32両が日本における国電の始祖となったのである

電車運転によって、蒸気機関車牽引による汽車当時の30分間隔は5〜10分間隔になり、大幅なフリークエントサービスが実現した。運転間隔の短縮で信号保安設備も最新のものに取り換えられ、電車運転区間にはアメリカ製の円板式自動信号機が導入された。また、電車運転の開始にともなって、新宿駅には甲州街道の近くに電車線用の乗降場が設けられた。

水道橋付近を走る甲武鉄道のデ963形電車。所蔵：山口雅人

## 甲武鉄道の国有化

明治初期から中期にかけて、明治政府は全国に幹線鉄道網の建設の必要性を強く感じていたが、建設する資金が無く、一部の路線は民間企業（私設鉄道）に免許を与えて開通させる方針をとり大半の幹線鉄道が民間の手によって開業していた。しかし、免許を与える条件として、将来は政府の買収命令に応じるという条件が付けられていた。

明治20年代後期には、官設鉄道および私設鉄道の計画路線がほとんど完成し、ほぼ日本の主要な鉄道網ができあがった。日露開戦の危機が迫りつつあった明治30年代中期になると、円滑な軍事輸送の実現のため私設鉄道を国有化しようとする動きが出始め、明治39年（1906）3月31日に鉄道国有法が公布された。

政府に買収される私設鉄道は日本鉄道や山陽鉄道、関西鉄道、九州鉄道など全国で17社におよんだ。甲武鉄道もそのうちの1社だった。買収は御茶ノ水—八王子間の線路や駅などの施設、蒸気機関車や電車などの車両、職員など一切が鉄道作業局（のち

電化区間として開通した水道橋付近を走る国有化後の院電のボギー電車。所蔵：山口雅人

## 都心延長と「の」の字運転

中央線の都心部への延長路線は、御茶ノ水から万世橋までが甲武鉄道時代に着工されていたが、工事の遅延で開業にはいたっていなかった。この区間の建設工事は国有化後に行われ、明治41年（1908）4月19日に昌平橋まで、45年（1912）4月1日にはターミナルとなる万世橋までが完成した。

大正8年（1919）3月1日に東京までの国鉄）に引き継がれた。甲武鉄道の買収日は明治39年（1906）10月1日である。

甲武鉄道は、八王子で中央線と線路がつながっていて、以前から旅客列車や貨物列車が両線を直通し、一方の新宿方でも日本鉄道線を介して新橋まで直通列車を走らせていたこともあって、東京西部の幹線の一部へと成長していた。そのために、路線延長は短いものの、幹線を形成する重要な路線と見なされていたため、鉄道国有法の買収路線の1線になった。

甲武鉄道の電車は、国有化後の明治43年（1910）の形式統一でニデ950形、デ963形などに変更された。

線路が延長され、新橋から延びていた山手線と線路が接続された。電車の効率的な運用から、中央線と山手線の電車は一貫運用することとなり、中央線は区間運転しながら、主体になって3両程度の編成を組んで使用されていた。

中野―新宿―御茶ノ水―東京―品川―新宿―池袋―田端―上野間で直通運転が行われた。（この直通運転とは別に東京―吉祥寺間の運転もあった）

この直通運転はルートが平仮名の「の」の字に似ていることから、「の」の字運転と呼ばれていた。

使用する電車は甲武鉄道時代の四輪単車ではなく、大正時代に入って製造された木造車体の中型ボギー電車ホデ6110形、さらに大正8年度（1919）以降には標準形と呼ばれる木製車が登場し、これらが

万世橋駅は大正8年まで、中央線の起点駅となっていたが、中央線が東京へ延長されると万世橋は中間駅となった。のちに昭和18年（1943）11月1日には休止となり、復活しないまま廃駅となった。駅舎と高架下は昭和11年（1936）から交通博物館となり長い間親しまれてきたが、平成18年5月14日に同博物館は閉館した。

大正9年に発行された『ポケット汽車汽船旅行案内』に掲載された上野―東京―吉祥寺間の電車発時刻と運賃表　所蔵：塚本雅啓

# 「の」の字運転の解消

大正14年(1925)11月1日に東京(神田)と上野間に高架線が開通した。これによって山手線の電車が環状運転できるようになったため、「の」の字運転は廃止されることになった。

震災後再建された二代目の万世橋駅。所蔵：山口雅人

御茶ノ水聖橋付近を行く中央線の電車。昭和3年頃　所蔵：山口雅人

中野駅に停車中のモハ10形＋サハ19他木製車4連。昭和10年　写真：裏辻三郎・所蔵：荻原二郎

実際には、大正12年(1923)9月1日に発生した関東大震災によって、「の」の字運転は休止されていて、大正13年(1924)7月に運転を再開していたものである。また、東京駅構内のホームや線路配置の変更にともなって、「の」の字運転は東京ー上野間の開業よりも早く、14年の4月に廃止され、わずかな期間ではあったが山手線、中央線とも東京駅で行き止まりの運転を行っていた。

環状運転が復活したのは、東京ー上野間の高架線の開通時で、このときから山手線による完全な環状運転が開始された。これにともない中央線の電車は全て東京発着と

138

なったが、この運転方式の変更には、車両の運用の合理化のほか、京浜線の架線電圧が1200Vに昇圧されていたこととも関連していたのである。なお、中央線の架線電圧の昇圧は、600Vから1200Vへの昇圧が昭和2年（1927）、1200Vから1500Vへの昇圧が昭和4年（1929）だった。

## 鋼製電車の投入

現在では電車の車体は金属製が当たり前だが、昭和の初めまでは木製車体が一般的だった。国鉄（鉄道省）で最初の鋼鉄製車体の車（鋼製電車）は、大正15年度（1926）に誕生したモハ30形、サロ35形、サハ36形（旧形式デハ73200形、サロ7300形、サハ73500形）だった。

従来の木製車体では車体幅が狭く、混雑したラッシュアワーなどでは編成の長大化が図られたり、車体に架かる重量が増大すると安全面からも問題が起きる可能性があった。そこで頑強な台枠と鋼鉄を張り合わせた車体を持つ鋼製電車が登場したのである。

鋼製電車とはいえ、内張や天井、窓枠な

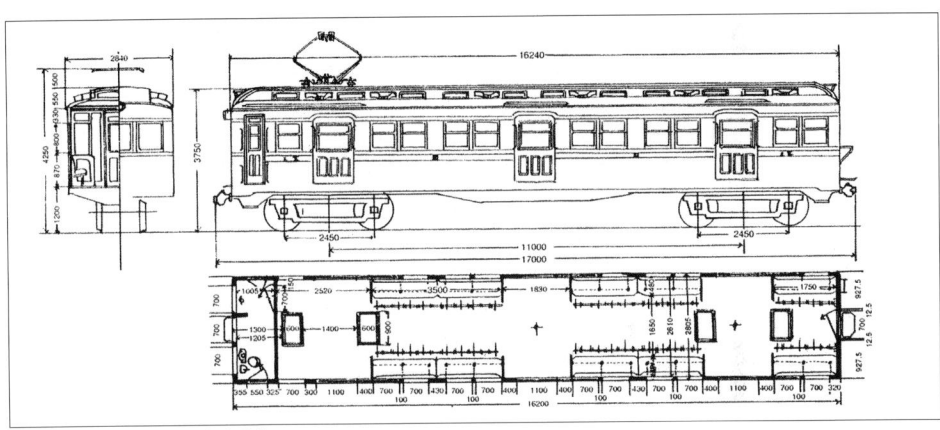

モハ30形（デハ73200形）　提供：沢柳健一

東京駅に停車中のモハ31形。2両目に木製車が連結されている。右後方のとんがり屋根は丸の内中央口部分。昭和9年頃
写真：久保田正一

139

吉祥寺駅に停車中のモハ34形電車。モハ40形の17m車体版で両側に運転台を装備。昭和9年5月　写真：久保田正一

## 東京地区の電車区間の拡大

大正時代末期（1926）には、東京地区の電車運転区間は、中央線が東京―国分寺間、山手線が品川―新宿―田端―上野―東京―品川間（環状運転）、京浜線が桜木町―上野間といったところだった。大正12年（1923）に発生した関東大震災後には、下町に住んでいた人々の郊外へ移転が増え、当時の近郊区間の電化が次々に拡大していった。

昭和3年（1928）には京浜線が赤羽まで延長運転された。7年（1932）9月には大宮まで達した。同年には総武線の御茶ノ水―両国間が開通して電車が走り始め、翌年には市川まで、さらに船橋まで延長された。7年には横浜線でも東神奈川―原町田（現在の町田）間に電車が走り始め、10年（1935）には総武線の電車区間が千葉まで伸び、11年（1936）には常磐線の上野―松戸間も電車化された（取手までの電車化は昭和24年）。

中央線の電化区間は昭和4年（1929）に立川に達し、さらに浅川（現在の高尾）まで電化されたのは昭和5年（1930）

どにには木を使用しており、正確にいえば半鋼製車であった。

30系電車は、従来の木製車の車体の雰囲気を踏襲していて、屋根は二重屋根（ダブルルーフ）、窓の下辺は腰高で、台車も従来品と同様で、電気品などは従来の木製車とも連結して運転できるものを搭載していた。連結器（登場時は自動連結器を装備）までを含めた全長は17mだった。

30系電車は昭和3年度（1928）までに259両が造られたが、京浜線用として配置された車両が多く、中央線には昭和4年度（1929）にわずかな両数が転属してきたに過ぎなかった。

昭和4年度（1929）になると、30系電車を改良した31系電車が登場した。30系電車に比べると窓の位置が下がり、大型化され、屋根は丸屋根と呼ばれるアーチ状になった。31系電車の構成はモハ31形、サロ37形、クハ38形、サハ39形で、鋼製電車では最初の制御車も登場した。31系は各線に配置され、中央線にも多数が運用についたが、それまでの主力だった木製車体の電車が多かったことから、編成全部が鋼製電車といった編成はなかなかお目にかかれなかったようである。

【水道橋停車場】　●『中央線水道橋東中野間改築停車場見取図』昭和6年頃　所蔵：山口雅人

【飯田町牛込間新停車場（現・飯田橋駅）】

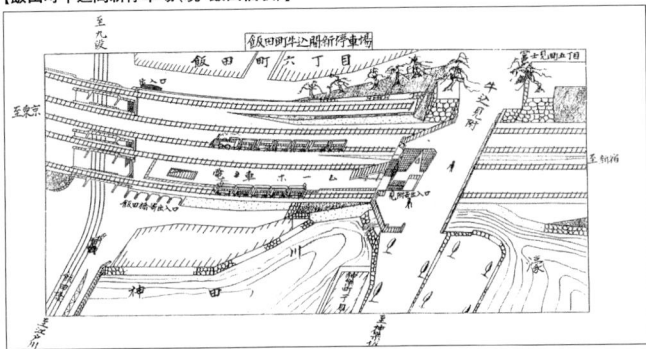

【市ヶ谷停車場】

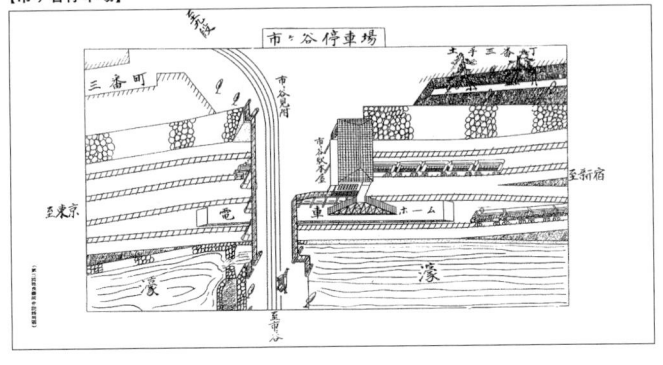

## 御茶ノ水―中野間の複々線化と急行運転

12月20日だった。

一方、中央線の複線化は、市街線では新宿から飯田町までの明治28年（1895）の開通時は単線だったが翌年には複線化、御茶ノ水までは複線で開通した。新宿以西は単線で開通し、国分寺までは明治期に段階的に複線化、立川までは昭和4年（1929）の電化時に完成したが、八王子までは昭和12年（1937）、浅川まで複線化されたのは14年（1939）だった。

なお、昭和7年（1932）以降に製造された40系鋼製電車は車体全長が20mとなり、電気機器やパンタグラフ、台車などの標準化が一段と進んだ。

中央線では電化が進んでいたが、一方では蒸気機関車が牽引する旅客列車や貨物列車も運転していた。蒸気機関車牽引の列車と電車とでは、加速度や走行スピードが大きく異なるため、ダイヤを組むには大きな制約があった。これを解消するため、飯田町から中野までを複々線にして、蒸機列車と電車とを分離運転することになった。

増設される複線の線路は従来線に並ぶように敷設されたが、飯田町―新宿間は急曲線が多く、外濠に沿った区間では土手の切り崩しや濠の埋め立てなどにともなうことから、従来線を右に左に移設し、

【四ツ谷停車場】

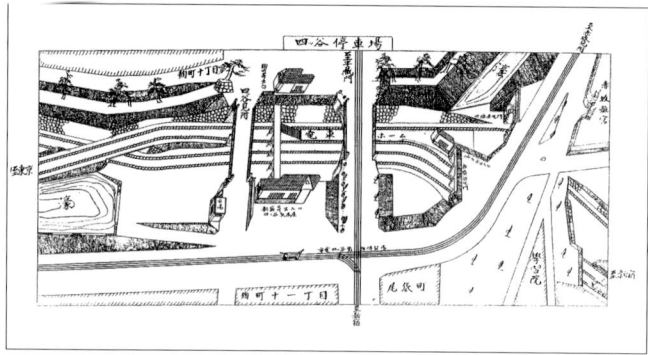

【大久保停車場】

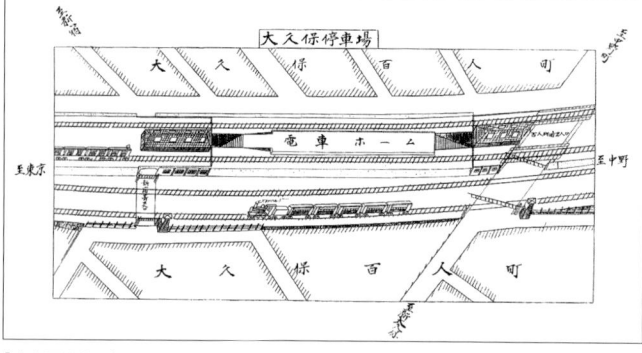

【東中野停車場】

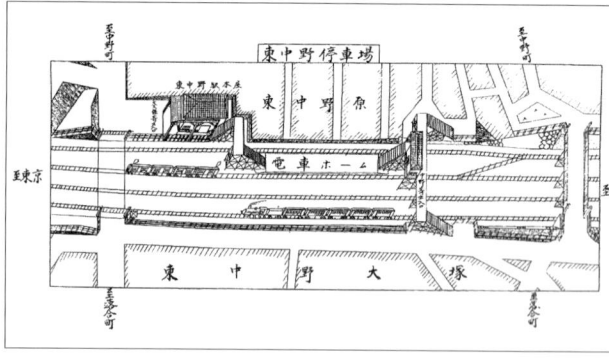

その跡地に線増分を敷設したところも多かった。

複々線化の完成は飯田町―新宿間（代々木―新宿間は新宿駅の構内の一部として先行して完成していた）が、昭和4年（1929）3月16日に、新宿―中野間が一足早く昭和3年（1928）5月11日だった。また、御茶ノ水―両国間の完成は昭和7年（1932）7月1日で、このときに御茶ノ水駅は、御茶ノ水橋西側から現在地に移転した。総武線の電車運行区間が市川や船橋まで延長されると、中央線へ乗り入れて中野まで直通するようになった。

一方、飯田町―新宿間の複々線完成後は蒸気列車と電車の走る線路が分離されたが、列車線を走る蒸気列車の運転本数がきわめて少なく、効率の悪さが浮き彫りになった。そこで、御茶ノ水―飯田町（飯田橋）間を複々線化して、従来の列車線に急行電車（現在の快速）を走らせることにした。

急行電車は複々線が完成した昭和8年（1933）9月15日から運転を開始した。御茶ノ水から新宿までの間では四ツ谷のみ停車で、普通電車よりも7分以上早く走破した。新宿―中野間は無停車である。

ただし、華々しく登場した急行電車ではあったが、運転は朝夕のラッシュ時のみで、早朝、深夜やデータイムには急行電車の運転は行われなかった。

142

# 「1円電車」の運転

昭和8年（1933）の冬から翌年の春にかけて、中央線に画期的な電車が姿を現した。それは正面貫通扉に貫通幌を備え、室内にはクロスシートを配置した42系電車だった。

この電車は関西の京阪神地区（東海道本線の京都と山陽本線の明石を結ぶ）で使用する本線用の電車で、高速走行に適応した電車である。42系電車が中央線に登場したのは、京阪神地区で昭和9年（1934）7月20日からの営業運転に先駆けて完成した電車を、中央線の臨時電車として借り入れたもので、運転区間は新宿―浅川間だった。この電車はツアー料金で乗車させたが、往復で1円（当時のもの）だったことから1円電車、略して「円電」と呼ばれていた。

戦前は関東用の電車と関西用の電車では電気回路の配線が異なっていて、関東地区用の電車が通常は関西で走ることはなかった。この42系電車は関西用の電車ながら大井工場で電気品を装架したものの、京阪神間の電化開業まで使用する予定がなかったので、中央線の臨時電車に登場したのであった。

新宿駅で発車時刻を待つ42系で編成された浅川（現・高尾）行きの行楽電車。往復1円だったことから「1円電車（略して円電）」と呼ばれた。新宿駅　昭和9年春　写真：久保田正一

新宿駅を発車して浅川を目指す「円電」。モハ42系が5～6両連結され、ほとんどが電動車で編成を組んでいた。新宿駅　昭和9年春
写真：久保田正一

# 長距離列車を新宿発着に

浅川以遠に向かう長距離列車は、浅川―甲府間が昭和6年（1931）4月1日に電化され電気機関車が牽引することになった。旅客列車は飯田町発着が続いていたが、中央線の電車運転区間でもあり、利用客は減少。また、飯田町駅の列車線ホームを御茶ノ水―飯田町間の複々線用地に充てるため、長距離列車の発着を新宿に変更した。

長距離列車の飯田町発着は昭和8年（1933）7月15日で終了したが、前述のように飯田町駅の貨物営業はその後も続けられた。また、飯田町機関区や飯田町客貨区などは昭和40年代まで存続したので、飯田町―新宿間には客車の回送風景がこの頃まで見られた。

## 20m級電車とモハ51形の誕生

昭和7年度（1932）以降の鋼製電車は、一部を除いて車体全長が20mとなり、機器類も標準化されて、「省形電車」と呼ばれるようになっていた。ただし、毎年のように車体製作の技術や工作方法の進歩があり、同じ形式ながら見違えるようにマイナーチェンジが行われた形式もあった。

昭和7年度から関東及び関西地区の「省線電車」の標準形として登場したのが40系電車で、モハ40形、モハ41形、クハ55形、サロハ56形、サハ57形、クハニ67形といった車両が造られて各線に配置された。

昭和14年（1939）度からはモーターの出力が増強されたモハ60形も登場。車体はすべて溶接構造となり、戦前の電車の中では最高の出来ばえになっていったが、昭和10年度（1935）頃から採用された軽金属を利用したドアは、戦時色が強まる昭和13年度（1938）新造車から木製ドアになっ

万世橋駅に停車中の「急行（現・快速）立川行き」先頭車はセミクロスシートのモハ51形。
昭和15年頃　写真：高田隆雄

てしまった。また、15年度（1940）新造車からは車体製作の簡易化が進められ、窓の上下の帯が復活、屋根も鋼製からカンバス張りの昔の製造方法に戻ってしまった。

この10年間で関東地区で特筆すべき存在だったのは、中央線に投入されたセミクロスシートのモハ51形の登場だった。この電車は全車が浅川向きに造られ、下り電車の先頭に連結されていた。しかし、26両しか配置されなかったため、乗車できる機会は半分以下といわれていた。車体は前面が緩くカーブした丸妻の半流線型で、モハ41形に似ているが、座席配置の関係からドア間の窓の数が異なっている。昭和10年度（1935）から11年度にかけて登場し、11年度には京阪神向けのモハ51形および同系車のクハ68形、クロハ69形が誕生した。

中央線用のモハ51形は従来の一般型との併結を行うことから、性能はモハ40・41形と同等だった。戦争が激しくなると、セミクロスシートでは混雑に対応できなくなり、ロングシート化されてモハ41形に形式変更された。

戦後、横須賀線への関西用の42系電車転入と引き替えに、戦災廃車を除くモハ51形（モハ41形として）は全車が関西地区に転属していった。

## 戦時輸送と中央線の戦災

昭和16年（1941）12月8日の真珠湾攻撃で始まった太平洋戦争は、17年のミッドウェー海戦以降は日本が押され気味になり、ついには昭和19年（1944）6月には本土空襲が始まり、鉄道にも被害が出始めた。それ以前にも軍需品の製造が最優先となって、鉄道車両の部品の補充が困難になりつつあった。そこに空襲による被災車両が急増し、電車の稼働率は極端に減少。混雑にいっそうの拍車がかかった。電車は収容力を増すために、2等車の3等車格下げをはじめ、多くの電車が座席の大半を撤去されて、2ドア車のドア増設（3ドア化または4ドア化）するなど、電車の居住性は完全に無視された状態になっていった。また、運転面ではスピードダウンも行われた。戦災は車両だけでなく、線路も各地で被害を受けた。その都度復旧作業は行われていたが、かろうじて運行できる状態で、高速運転は望むべくもなかった。

この時期昭和19年（1944）に大量輸送の切り札として誕生したのがモハ63形、クハ79形、サハ78形だった（クハ79形は当初は木製車の鋼体化改造車として登場した）。前面を含めて妻面は切妻構造となり、車内の天井は簡易工作で垂木がむき出しで、電気系統の配線などは絶縁状態が完全ではない。混雑時の車内換気に適するとされる三段窓が採用されたのも特徴の一つだった。戦時型新製車として誕生し、収容力の大きなことが唯一の長所のような電車で、大量輸送に適合した電車として期待されたが戦時中の製造はわずかだった。

「ロクサン形」と呼ばれ、戦後に大量増備された粗悪電車だったが、逼迫した輸送需要に応えられる電車だった。一方、復興への努力が続けられ、昭和23年にはドアエンジン、窓ガラス、吊革が全装備された「復興整備電車」が中央線に就役し、やがて通勤電車は正常に復していった。

## 電気機関車に牽引された電車

昭和20年（1945）8月15日に終戦（日本が敗戦した）となり、戦争は終結したが、社会情勢は混乱し、鉄道も戦災の復旧が思うように進まなかった。

電車は動力分散方式の電気動力の鉄道車

## 戦後の中央線電車

両として長所が多いのだが、戦時中の酷使や部品の欠乏、修繕能力の低下などから、稼働状態にある電車は激減した。電車で編成を組むには数多くのモーターや制御器の整備を必要とするが、強力な牽引力を持つ電気機関車ならモーターの整備数は少なくてすむことから、電気機関車に電車を牽引させる運転が各地で行われた。中央線でも一部の電車を客車のような状態にして、電気機関車に牽引させた。運転区間は国立―浅川間で、運転は昭和21年（1946）1月から翌22年1月までの間行われていた。なお、東京―立川間に可動電車を集中的に使用し、平常運転をかろうじて確保していた。

東京の都心部は戦災で大打撃を受け、住宅地は都心から郊外へ移っていったが、それによって通勤ラッシュはいっそう激しさを増していった。「ロクサン形」電車は、戦時中から戦後にかけて大量生産された工作を簡易化した電車だが、通勤時の大量輸送には最適の電車で威力を発揮した。中央線にも次々に配置され、戦前までは木製車が多数使用されていた中央線は、一気に4ドア車への置き換えが進められていった。ただし、中央線に乗り入れていた総武線用の電車には、戦前製の3ドア車である40系

国立―浅川間で使用されたED15形が牽引する電車。昭和21年9月　写真：江本廣一

電車がまだ大量に残っていて、17m車体の電車も若干残存していた。

戦後のラッシュ時の編成両数と運転間隔は、昭和21年（1946）には6両編成で4分間隔だったが、翌22年には7両編成で2分半、24年には運転間隔が3分半に縮まり、25年には朝のラッシュ時に一部が8両編成となり2分間隔運転までになっていた。

加速やブレーキ性能が現在の電車よりも数段劣っていた電車でのこの運転間隔では、停車駅間が短いところではすぐに前を走る電車に追いついてしまい、走行速度を落さざるを得ない運転を行っていた。つまり、専門用語で〝スジを寝かせる〟ダイヤでの運転である。この状況がしばらく続き、一時は中央線のラッシュ時の乗車率（定員に対する乗車人数）が300％を超える状態となっていた。

なお、63系電車は昭和25年度（1950）で製造を打ち切ったが、その間に800両以上（私鉄向けの電車を含む）が造られた。63系電車は通勤時の混雑に対応できる電車として、通勤形の標準となり、昭和27年（1952）度からは改良型の4ドア車である73系電車の製造に移行し昭和30年（1955）から中央線に優先的に投入された。

## 列車区間への進出

現在では中央線の電車が大月や河口湖まで直通し、遠距離通勤客の利便を図っているが、この直通運転の最初は太平洋戦争末期の昭和20年(1945)に工員輸送として八王子―大月間に電車を直通させたのが始まりだった。

戦後、昭和23年(1948)7月から、当時、富士山麓に進駐軍(米軍)のキャンプ(駐屯地)があった関係で、通勤形電車の大月乗り入れが開始された。また、同年からは富士山麓電鉄(現在の富士急行)富士吉田への行楽用臨時電車の乗り入れも始められている。25年夏から東京―河口湖間に40系による通勤電車を1日1往復運転開始、「みづうみ号」のサボを付けていた。

この系列は戦後の安定し始めた時期に製造されたので、年度によって製造技術が向上し、車体の構造そのものも新しい方式で造られたものも存在した。昭和32年度(1957)までに490両が製造され、中央線に優先的に投入された。最終年度の車両は新性能電車90系へ移行するつなぎ役のようなスタイルの在来性能電車だった。

昭和26年(1951)4月24日に桜木町付近で垂れ下がった架線に「ロクサン形」車が接触して車両火災が発生し、106人が死亡する事故が発生したことによって、電車の絶縁強化や架線との間隔の見直しが行われることになった。中央線のトンネルは明治時代に掘削されたレンガ積みや石積みのトンネルで、断面が小さく造られていた。昭和6年(1931)に甲府まで電化されたときには路盤を若干改良しているが、それでも電車の屋根と架線の間隔は狭いことが判明したので、直通運転に際しては直通さ

戦後の通勤形電車の標準「ロクサン形」電車モハ63形。中野駅　昭和28年6月22日　写真：渡邊淳一

昭和27年度に新製されたクハ79形。73系の制御車である。神田駅　昭和32年6月9日　写真：上原庸行

147

はしれ、はしれ

きてきがなって
はっしゃです。
いろんな
ごようの
あるかたを、
いっぱい
のせて
はしります。
げんきで
いって
いらっしゃい。

新宿駅を発車するEF10牽引の普通列車と70系電車の隣で入換作業中のB6（2120形）蒸気機関車。鉄道博物館監修『きしゃ』より　所蔵：山口雅人

せる電車は車輪のタイヤを削る少し小さいものに交換したり、パンタグラフがたまれないように改造したり、パンタグラフがたまれないように改造したり、桜木町事故をかんがみて、抜本的な改造を施した専用電車が造られた。それは国電最初の鋼製電車だったモハ30形を二重屋根から高さのやや低い丸屋根に改造すると同時に、中間電動車としてモハ30形500番台に改番、さらに昭和28年の形式称号改正でモハ10形となった。

## 戦後の中央線の事件と事故

車両の整備が不十分だった戦後まもないころ、中央線では悲惨な事故や不可解な事件が発生した。

事故は昭和21年(1946)6月4日に発生した。超満員の乗客が乗った上り急行電車(現在の快速)が東中野付近を走行中、乗客の圧力で木製のドアが破壊されて数名が線路下の神田川に落下するという事故だった。この木製ドア破損事故はこの東中野の事故だけでなく、何度も発生していた。対策として、金属製のプレスドアへの交換や、ドアレールの外側に外れ防止用金具の

設置などが行われた。

事件のほうは昭和24年(1949)7月15日に発生。三鷹電車区に留置してあった電車が無人のまま突然動きだし、駅舎とホームの間の階段を壊し、道路まで飛び出して停止したもので、階段を通行中の6人が死亡した。この年の6月1日に日本国有鉄道が発足したが、労使間争議に絡む不可解な事件といわれている。同年には7月6日に下山国鉄総裁が轢死体で発見された下山事件、8月17日には東北本線の松川付近を走行中の列車が脱線転覆した松川事件と相次ぎ、不安定な国鉄事情を反映するかのような暗い出来事が多発していた。

## "山スカ"電車の登場

通勤形電車と長距離客車列車、貨物列車だけが走る中央線だったが、昭和27年(1952)に70系電車が中央線三鷹電車区に配置された。先頭車のクハ76形は横須賀線と同じだが、トンネル断面が小さい中央線で運転するため、電動車は屋根の高さを低くしたモハ70形が用意された。ギアの減速比も高速用ではなく、山岳勾配区間を走るために変更されていた。モハ70形は、当初

は私鉄買収電車の更新車名義で改造(実質は新製)され、800番台に番号が区分されていた。そのなかでトップナンバーとなる電車は車体に木材を一切使用しない全金属製電車として製造が進められ、他の電車よりも遅れて竣工した。このとき形式称号改正が行われた時期(昭和28年6月1日)が近かったので、新しい形式のモハ71形として誕生、モハ70形800番台車もモハ71形に改番された。

中央線用の70系電車は"山スカ"と呼ばれ、増備車も増えて新宿—甲府間で基本編成4両で使用された。2編成併結の8連もあり、やがてこれが主流となった。一部では臨時電車(のちに定期化)で東京—甲府間のロングランも行われ、臨時電車として新宿から河口湖まで富士山麓電鉄(現在の富士急行)に乗り入れ運転も行っていた。

70系の電車は増備されたが、使用する列車が増えたり、編成両数を増やしたことから、車両が不足し通勤型の73系電車をスカ色に塗装変更して組み込むようになった。電動車は屋根全体を低くしたモハ72形85 0番台を使用し、編成の一端には便所を備えていたクハ76形が連結されていた。通勤型が主体の中央線では、70系電車やスカ塗

昭和24年7月15日21時25分に突発し、死者10人重傷7人。電灯線が切れた暗黒の闇の中に凄まじい地獄絵を現出した
三鷹事件。毎日新聞社昭和30年発行『写真昭和30年史』より　所蔵：山口雅人

中央線開通50周年を記念して運転された慶祝列車。代表的中距離用電車クハ76形、モハ71形。『鉄道』創刊号より　昭和28年4月13日　所蔵：山口雅人

り73系電車は目立った存在だった。
昭和41年（1966）からは近郊型の新性能車の115系電車が中央線に投入され、70系電車と共に活躍を開始した。115系電車の増加によって中央線用モハ71形・クハ76形電車は昭和51年（1976）3月に広島地区の山陽本線、呉線に転出していった。

## 新性能電車モハ90形の誕生

年々ラッシュ時の混雑は激しさを増し、73系電車での対応は困難になりつつあり、ダイヤ上でも走行速度の低下や停車時間の延長で、遅延が日常的な状況となってきた。

抜本的な改善は線路の数を増やす線増工事だが、これには時間と費用がかかる。そこで比較的短い時間で効果的な対策として、電車の性能を増備して編成両数を多くすること、運転本数を多くさせてダイヤにゆとりを持たせ、同時にモーターや制御装置、ブレーキ、台車でも新技術の開発が進んだ。

昭和20年代の中ごろから、鉄道車両の車体の軽量化の研究が私鉄にゆとりを進み、国鉄でも私鉄での研究を参考にして、新しい電車の開発が進められ、昭和32年（1957）に試作車のモハ90形10両編成1本が誕生した。車体の構造はモハ72形やクハ79形の920番台に似ているが、ドアは両開きになり、従来の電車とは駆動方式や制御方式、ブレーキ方式が一新され、鮮やかなオレンジバーミリオンの塗装が施されて、颯爽と中央線に登場した。

私鉄ではこのような新しい技術で製造された電車を高性能電車と称したが、国鉄では従来車と性能的に異なることから「新性能電車」と呼んだ。各種試験の後、昭和32年（1957）の年末から営業運転が行われ、たちまちのうちに人気を博した。丸ノ内に勤めるOL（当時はBGと呼んだ）たちが名付けたモハ90形の愛称は、外部塗色から「きんぎょ」だった。

## 電車区の増設と「急行電車」の時間拡大

モハ90形はさっそく増備が続き、昭和34年（1959）6月1日の形式称号改正で「新性能電車」であるため3桁形式の101系と改称された。

101系電車は増備が続き、三鷹電車区だけでは構内が手狭になったため、武蔵小金井駅の西側に武蔵小金井電車区が昭和34年（1959）9月に開設された。三鷹電車区に101系の新車が投入され、同区から新設の武蔵小金井電車区に101系電車が転属し、編成数の増加が実現した。この増備は、同年11月9日に予定されていたダイヤ改正で朝夕のラッシュ時のみの「急行運転」（現在の快速）をデータイムにも行うためのもので、中央線電車は朝のラッシュ時から夕方のラッシュ時までは全列車が東京ー中野間で「急行電車」となり、御茶ノ水ー中野間の緩行電車には総武線から直通する電車が担当することになった。

ただし、「急行電車」の運転は下り東京発も、上り中野発も朝の7時から夜の8時までの間で行われた。このダイヤ改正では

東京駅で行われた新性能電車モハ90形の展示会。昭和32年7月5日　写真：巴川享則

「急行電車」は東京―立川間で運転され、立川―浅川(後の高尾)間では2両、または4両(のちに3両)の付属編成で区間運転するように改められた。昭和40年10月に区間運転を廃止し東京への直通運転が復活した。

日野―豊田間の段丘の下を走る立川―浅川間の101系4連(2連×2)の区間運転電車。昭和34年12月30日　写真：久保 敏

正面運転室窓に行先札を掲げた立川―浅川間の小運転用3両編成の101系。立川駅　昭和36年3月11日　写真：荻原二郎

"山スカ"の70系と通勤形の101系で賑わう三鷹電車区。　昭和41年1月　写真：巴川享則

また、総武線用の電車の増備で再び既存の電車区では収容力が不足を来してきたので、豊田駅の西方に広大な豊田電車区が建設され、昭和41年（1966）11月に開設された。従来は青梅線と五日市線の電車は青梅電車区に配置されていたが、後に豊田電車区の機能が充実してきたため、後に青梅電車区は廃止されて、両線用の電車は豊田電車区に配置換えになった。

## 優等列車も走行

中央東線に優等列車が走ったのは昭和23年（1948）のことで、客車による準急列車だった。新宿からの中央本線の急行（長距離急行の登場で「急行電車」は「快速」に名称を改称）は、昭和35年（1960）4月25日に運転を開始した「アルプス」である。急行「アルプス」は、キハ55系ディーゼルカーを使用して運転されたが、このキハ55系は準急用に造られたものだったので、昭和36年（1961）10月からは急行形の2エンジン搭載車キハ58形、キロ58形に置き換えが行われた。

この当時の特異な車両としては、客車準急「アルプス」に昭和33年（1958）2月から2・3等合造寝台車ナロハネ10形が連結されたこと。準急「アルプス」はのちに「上高地」に改名され、急行となったが、昭和43年（1968）10月のダイヤ改正で電車化されて、稀少車種のオロハネ10形（ナロハネ10形に冷房装置を取り付けて重量が増し形式が変更された）は他線へと転属していった。

中央線（東線）経由の新宿―松本間に特急が走り始めたのは昭和41年（1966）12月12日からで、愛称名は一般公募から「あずさ」と名付けられた。使用車両は上

飯田橋付近を行く101系電車。右側に広がる飯田町では細々と貨物営業が行われていた。昭和45年11月　写真：塚本雅啓

建設中の豊田電車区。ここも101系などでいっぱいになる。昭和40年9月4日　写真：巴川享則

154

181系による上り特急「あずさ」。国立一国分寺　昭和46年5月9日　写真：高木堯男

越特急「とき」と同じ181系電車で、運転開始当初は食堂車を含む10両編成だった。「あずさ」は年々成長し、急行の格上げもあって運転本数を増加、昭和48年（1973）には1時間間隔で運転する「エル特急」に成長した。このときの増発分は房総特急の183系がカバーした。「あずさ」の補完特急としては新宿―甲府間（多客期には当時から松本まで延長運転していた）に「かいじ」が昭和63年（1988）3月13日に誕生。この特急は「あずさ」のうちの新宿―甲府間の列車を改称したものである。

このほかに特異な車両としては、ディーゼルカーで運転していた当時の急行に新宿―大月間で併結運転させるため、富士急行が国鉄のキハ58形と同系のディーゼルカーを造ったことで、キハ58001～58003の車号を付けていた。

## 中野―三鷹間の高架複々線化と東西線直通

ラッシュ時の対策として、新性能電車101系電車に全面的に置き換えるものの、混雑はいっこうに改善されず、抜本的な対策を施すことになった。すなわち、東京―三鷹間に線路を増設するという計画である。これには、東京（大手町）―中野間に地下鉄建設（5号線）の計画があり、この路線と中野―三鷹間に増設する線路をつなげれば、新しいルートで都心に達することができ、乗客が分散することから混雑緩和が行えるというものであった。

この計画に沿って、昭和35年（1960）には複々線化が決定し、37年に着工した。地上の線路を一部区間では工事に支障を来たすので移設が行われたり、駅のホームも移動したところもあった。複々線化と

まず南側2線が完成した阿佐ケ谷駅のホーム。つづいて北側2線の工事にとりかかる。
昭和39年9月20日　写真：荻原二郎

新装成った中野駅3・4番ホームに東西線の営団5000系が到着。昭和41年3月23日
写真：巴川享則

2線、阿佐ケ谷―荻窪間は南側2線を先に建設した。

なお、営団地下鉄東西線が中野まで到達したのは、昭和41年（1966）3月16日で、荻窪までの高架複々線が完成したあとの同年4月28日から荻窪までの直通運転を開始している。

複々線は快速と列車が走る複線、緩行線と東西線からの相互乗り入れ電車が走る複線が並ぶ〝線路別複々線〟方式が採用された。総武線からの電車は中野―荻窪間で延長運転を開始した。

中央線と営団東西線とは相互直通乗り入れ運転を行い、営団はステンレス車体の5000系電車を用意し、国鉄はアルミ車体の301系電車を昭和41年10月1日から登場させて、直通運転に使用した。

荻窪―三鷹間の高架複々線工事は昭和40年（1965）4月に着手され、この区間は用地確保が中野―荻窪間よりも容易だったので、北側に上下2線の高架複線を並行して建設、移行後に残りの高架複線を建設する方法が採られた。同区間の高架複々線の完成は昭和44年（1969）4月8日だった。この時点で総武線（中央緩行線）、営団東西線は三鷹まで延長運転となった。

同時に高架化も行われたが、これは電車の通行量が増すれば、地上を走っている場合では踏切が開く時間が減少し、道路交通を妨げることになるためと、自動車や通行人との事故防止を図る目的もあった。

まず、中野―荻窪間の高架化工事が進められた。中野―高円寺間は両端の2線分の高架を建設し、その後に中央の2線分の高架化工事を行い、高円寺―阿佐ケ谷間は北側

なお、このときから快速電車の高円寺、阿佐ケ谷、西荻窪の休日通過が実施されている。

## 「五方面作戦」と貨物列車

昭和40年（1965）度に国鉄が策定した

アルミ車体に空気バネ付き台車で登場した301系。阿佐ケ谷駅　昭和46年4月17日　写真：荻原二郎

156

「第3次長期計画」では、首都圏の通勤輸送の改善が盛り込まれ、「五方面作戦」と呼ばれる線路増設や路線の新設などによって、通勤輸送の再編成を行うというものだった。具体的には東海道本線と横須賀線の運転線路の分離と新しい貨物線の建設、総武線の錦糸町―千葉間を複々線化して横須賀線との直通運転、常磐線の北千住―取手間の複々線化と営団地下鉄千代田線との直通運転、東北本線の赤羽―大宮間の京浜東北線の分離線増、そして建設中の中央線の中野―三鷹間の高架複々線化である。また、東京を通り越して運転されている貨物列車が都心部を経由しているが、これを廃止して各路線の周辺部を環状に結ぶ貨物中心の新線を建設する計画も立てられた。

この新貨物線が現在の武蔵野線で、区間は東線が北馬橋（開業時に新松戸と改称）―西浦和間、西線が西浦和―多摩川間、南線が多摩川―新鶴見間。昭和48年（1973）4月1日の開業時には北府中―新松戸間で中央線用の101系電車を難燃化改造して充当した旅客電車がラッシュ時15分毎、日中約40分毎に運転された。

環状線を形づくるのは武蔵野線だけではなく、西船橋―新松戸間の小金線、川崎の

塩浜から東京湾沿いに蘇我（計画時には木更津）までを結ぶ京葉線があり、この3線によって貨物列車は都心部を通らず、バイパス線経由で東京を通過してゆくことになった。

これによって山手貨物線や各線の都心部

特快デビュー時の写真。運転室窓中央に小さな「特別快速」の札が出されている。高円寺駅 昭和42年7月23日　写真：荻原二郎

101系900番台「特別快速」電車。当初は1時間に3本で昼間のみの運転だった。阿佐ケ谷駅　昭和45年12月　写真：福原俊一

した。

周辺では貨物列車が減少し、その分で旅客列車が増発できるというものだった。この3線のほか、品鶴貨物線と東海道貨物線が横須賀線に転用されたので、新鶴見—横浜羽沢—大船間に新しい貨物線も造られた。中央線では区間運転の貨物列車が姿を消し、電車区間の貨物列車は国立以西での運転となった。

## 中央線電車の変遷

「きんぎょ」こと101系電車は、ラインカラーをまとった電車として好評を博していた。また、高性能を発揮して、スピードアップも行われた。しかし、昭和40年代の後半になると冷房装置のない101系電車の一部を武蔵野線に転用するため、その補充用として冷房付きの103系が投入された。103系電車は新製の10両貫通編成と、後に京浜東北線から転入した7両+3両編成とがあった。

103系電車は101系電車とともに活躍したが、「省エネ電車」201系電車の量産車が増備されると103系電車は中央・総武緩行線や南武線に転用されて、昭和58年（1983）3月に中央線から姿を消

101系電車はその後も活躍を続けたが、昭和60年（1985）3月に中央線の201系電車は必要数が揃ったため、惜しまれつつ中央線から引退した。

「省エネ電車」201系電車はサイリスタチョッパ制御方式を導入し、国鉄では画期的な電車となったが、車齢が25年を過ぎた電車が現れるようになり、平成17年（2005）10月には201系電車に代わる新型電車の投入計画が発表された。この時期には中央・総武緩行線や山手線などにVVVF制御方式の209系電車やE231系電車が登場しており、中央線の電車が首都圏で最も経年の高い

E233系は平成19年（2007）の鉄道友の会のローレル賞を受賞した。左は201系電車。平成19年11月19日　写真：大沼一英

103系の冷房改造車。結局103系の中央線時代は短かった。東中野—中野　昭和55年4月　写真：塚本雅啓

電車となりつつあった。その新型電車はE231系電車(通勤形タイプ0番台)に信頼度を高めたバックアップ機能を装備し、半自動ドア機能や勾配抑速ブレーキを付加したE233系電車で、平成18年(2006)12月26日から営業運転に就いた。車体は軽量ステンレス製になり、車体全体がオレンジ色の塗装から、腰板部と幕板部にオレンジ色のフィルムを貼り付けたものとなった。201系電車からE233系電車への完全置き換え完了は当初は平成19年度(2007)末、すなわち平成20年(2008)の春だったが、三鷹―国分寺間の上り線高架化工事が完了するまでしばらくの間、予備車として残る予定だ。

## 長距離列車の車両変遷

昭和62年(1987)4月1日に国鉄は分割民営化され、中央本線の東京―塩尻間はJR東日本が所管することになった(塩尻―名古屋間はJR東海)。

JR化後、「あずさ」や「かいじ」などの特急に使用していた183系電車は、老朽化してきたのでJR東日本が設計した新型に置き換えられた。

平成5年(1993)には制御付き自然振り子機構を備えたE351系電車が「あずさ」に投入され、翌年にはこの電車を使用した「あずさ」は「スーパーあずさ」と区別された。残存していた183系電車を使用していた「あずさ」と「かいじ」には、新

JR化後に登場したE351系「スーパーあずさ」。西国分寺付近 平成19年8月5日 写真:山口雅人

257系0番台による「かいじ」。
西荻窪付近 平成20年1月18日
写真:塚本雅啓

しいE257系電車が平成14年（2002）に誕生し、順次置き換えられて、183系（一部は189系）電車は「通勤ライナー」用に転用された。

## 三鷹—立川間の高架化工事

昭和40年代から懸案になっていた三鷹—立川間の高架複々線化計画が、平成11年（1999）に着手となり、平成15年（2003）頃から工事が本格化した。まず三鷹—国分寺間の上り線の仮線への移設、さらに下り線の仮線への移設が行われ、それまでの線路用地に下り線用の高架橋建設が進められた。一方、西国分寺—立川間も平成19年（2007）に仮線への移設が行われ、高架橋建設が開始された。"とんがり屋根"で親しまれてきた国立駅舎も姿を消した。

三鷹—立川間の工事は、計画では高架複々線化を目指していたが、当面は複線高架化が優先されている。これはラッシュ時には踏切が開かず、道路交通に支障が生じ、歩行者に対しても安全が確保できないという切実な問題を解消するため、高架化を優先させたものである。

工事は急ピッチで進められて、平成19年（2007）7月1日に三鷹—国分寺間の下り線高架化が完成し、線路が仮線から高架線へと切り替えられた。下り仮線の跡では上り線の高架橋工事が開始されている。

平成20年度（2008）末に西国分寺—立川間の下り線の高架化が完成する予定である。次に上り線の国分寺—三鷹間、立川—西国分寺間の順で高架化されることになるが、完成年度は未定とのことである。

なお、国分寺—西国分寺間は踏切がないため高架化はされず、現状のままである。

今後の201系の動向も高架化工事の進捗状況との絡みで流動的であり、運転本数は激減するものの、あとしばらくは活躍する姿が見られそうである。

国分寺方の跨線橋から見た下り線が高架線に切り替えられている武蔵小金井駅の全景。平成19年7月3日　写真：大野雅弘

# 歴史の中に消えていった駅と路線

## 三宅 俊彦

### 万世橋駅

開業：明治45年（1912）4月1日
廃止：昭和18年（1943）11月1日
（休止のまま復活せず）

中央線の前身・甲武鉄道が計画した市街高架線は、国が買収後の明治45年（1912）4月1日に昌平橋―万世橋間が開通して完成した。万世橋駅は東京駅と同じく辰野金吾、葛西万司の設計によるもので、煉瓦・石積みの2階建てで、一部は鉄筋を使用している。1階には等級別の待合室を備え、2階には食堂があるなどターミナルに相応しいものであった。当初はホームが2本あり、長い方が長距離列車用、短い方が電車専用と計画したが、実際は両方共電車用に使用した。日本一の乗降人員を誇り、駅前は須田町交差点で、市電の系統が四通八達する市内有数の交通の要衝として賑わった。駅前の広

辰野・葛西が設計の初代万世橋停車場、広場前に広瀬中佐と杉野兵曹長の銅像が見える。大正初期　絵葉書所蔵：三宅俊彦

関東大震災により倒壊したため、大正14年に再建された二代目の万世橋停車場。昭和初期　絵葉書所蔵：三宅俊彦

瀬中佐と杉野兵曹長の銅像は駅のできる2年前の明治43年（1910）に除幕式が行われている。銅像のあった場所は交通博物館が開館していた当時の善光号を展示していた前の植え込み付近といわれる。

大正8年（1919）3月1日、中央本線東京―万世橋間が開業、中間に神田駅が開業する。これにより中央線の起点は東京駅となり、万世橋駅はターミナルとしての役目は失った。

大正12年（1923）の関東大震災の被害は甚大で、万世橋駅の駅舎はわずかな本体の煉瓦積みを残して見る影もない倒壊した姿になった。

震災後は仮駅で営業が続けられていたが、大正14年（1925）に二代目の万世橋駅が完成した。初代にくらべ質素な実用的な建物であったが、広さは十分あった。

それまで東京駅の北側高架下にあった鉄道博物館（後の交通博物館）が手狭になったため、万世橋駅の敷地へ移転することになった。昭和11年（1936）に鉄道博物館に併設の三代目万世橋駅が完成した。建物の多くの部分は博物館となる。

その後、東京地下鉄道の開通、駅前の須田町は市電の系統が多く集まり、御茶ノ水、

## 昌平橋駅

**開業**：明治41年（1908）4月19日

**廃止**：明治45年（1912）4月1日

甲武鉄道は御茶ノ水―万世橋間の工事に着手したが、未完成のまま国有化され引き継がれる。明治41年（1908）4月19日に御茶ノ水―昌平橋間が開通する。明治42年10月12日に線路名称が制定され、中央東線は昌平橋―篠ノ井間となる。さらに明治44年5月1日に宮ノ越―木曽福島間が開通して中央本線は昌平橋―名古屋間となる。わずか11カ月間であったが、昌平橋駅は中央本線の起点であった。明治45年（1912）4月1日、昌平―万世橋間の開通により昌平橋駅は廃止となる。

## 飯田町駅

**開業**：明治28年（1895）4月3日

**廃止**：昭和8年（1933）7月15日（旅客営業廃止）平成11年（1999）3月9日（貨物営業廃止）

甲武鉄道の市街線新宿―飯田町間は難工事と日清戦争の軍隊輸送もあり、予定より2カ月遅れて、明治28年（1895）4月3日に開通した。飯田町駅は陸軍省用地を借用して甲武鉄道の旅客・貨物のターミナルとして、本社・機関庫・客車庫などを建設

外濠沿いに盛り上がっている部分が旧牛込駅上りホーム跡。後の建物は移転前の逓信総合博物館。画面左に飯田町駅があった。昭和38年11月8日　写真：三宅俊彦

秋葉原とも近いため、昭和18年（1943）11月1日に休止となり、以後、復活していない。

した。ホームは当初1面であったが、御茶ノ水へ延長される頃には汽車ホームと電車ホームが分離され、最終的には2面4線となる。

貨物の取扱いの最も多いのは砂利輸送であった。当時は飯田河岸からの水運で市内への輸送は活発であった。旅客の方は関東大震災以降は乗客がだんだん郊外へ移住するようになり、山手線沿線からの乗換えが不便なため、飯田町始発の旅客列車の意義が段々薄れる。中野―飯田町間の複々線化の前提として、汽車線を増設するためには飯田町駅の電車ホームが支障をきたすことと、近接して牛込駅があるため、飯田町の電車駅と牛込駅を統合して、新たに飯田橋駅を昭和3年（1928）11月15日に開業し、飯田町駅の電車線を通過線扱いとする。引き続き列車のみ始終着駅として残った。しかし、御茶ノ水―飯田町間の複々線化を前にして、列車の始発は新宿となり、昭和8年（1933）7月15日に旅客営業が廃止となる。

その後、飯田町は貨物駅となり、昭和40年代には新聞・出版を中心としての東京都に到着する紙製品のセンターの役割を果した。JR貨物になってから紙製品の流通の大きな変化と駅構内の再開発計画のため、

役割を新座貨物ターミナルや隅田川駅へ移転することになり廃止となる。今日、立ち並ぶ高層ビルやホテルからは、過去を想像できないほど変貌している。

○ 牛込駅

開業：明治27年（1894）10月9日
廃止：昭和3年（1928）11月15日

明治27年（1894）10月9日に新宿―牛込間3マイル40チェーン（5・6km）が複線で開業した。牛込駅のホームは、牛込見附橋の新宿寄りの狭い場所に相対式で設置された。特に上りホームは外濠に面し突き出ていた。翌28年4月3日に飯田町まで複線で開通した。関東大震災後、中央線の沿線にはにわかに人口が増加して全線複々線化が要望され、中野―飯田町間の客貨分離工事が進められた。ところが汽車線を増設するには牛込駅の下りホームが支障するため、飯田町寄りに飯田橋駅西口を設置して廃止することになった。昭和3年（1928）11月15日、飯田橋駅の開業と飯田町駅の電車線を通過線扱いとすることで、廃止となる。現在、飯田橋駅西口の駅舎が牛込見附橋の前にあり、結果として改札口からホーム

で長い通路になっているのは旧・牛込駅の利用客を救済するためである。

○ 青山駅（軍用停車場）
青山―新宿間

開業：明治27年（1894）9月23日

青山軍用停車場駅完成当時の絵葉書　所蔵：山口雅人

青山軍用停車場構内配線図　明治29年（1896）6月『甲武鉄道市街線紀要』より

の直通輸送計画を建てた。当時代々木・千駄ケ谷停車場は開業していないため、甲武鉄道は新宿から青山練兵場までの軍用線4マイル（6.4km）及び軍用停車場の建設を委託され、しかも1カ月半の速成を要求されたが完成。軍隊輸送はその6日後に始まった。この日が開業日の明治27年（1894）9月23日になっている。

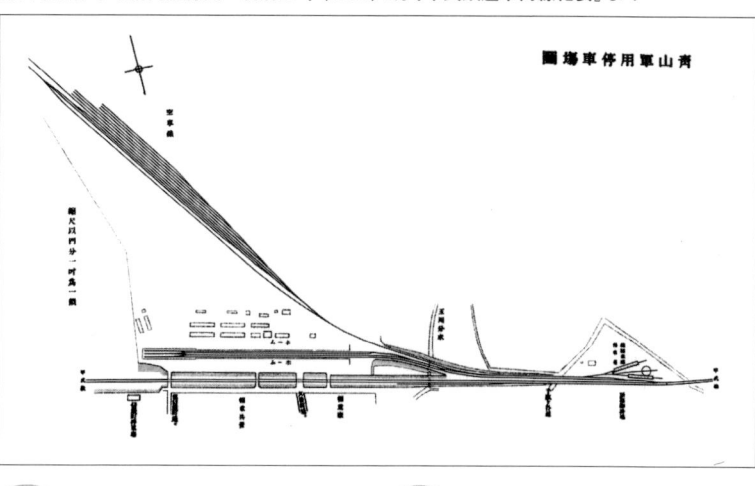

**青山駅（仮停車場）**
**青山―新宿間**

開業：明治30年（1897）2月2日（英照皇太后大喪）

廃止：明治30年（1897）2月3日
英照皇太后（孝明天皇の御后）御大喪の当日、明治30年（1897）2月2日開設され、御霊柩列車が新宿で進行方向を変えて、京都まで運転される。

**青山駅（仮停車場）**
**青山―千駄ケ谷間**

開業：大正1年（1912）9月13日（明治天皇大喪）

廃止：大正1年（1912）9月15日

廃止：明治29年（1896）9月25日
青山軍用停車場が開業の明治27年当時、日清両国は一触即発の状態にあり、軍部の計画では東は青森、西は広島方面への軍隊

大正3年4月25日に運転の昭憲皇太后御霊柩列車。牽引機は形式8900形8925（1925年、American Locomotive製）絵葉書の説明は「代々木」となっているが「青山」が正当と思われる。青山駅　大正3年4月25日　絵葉書所蔵：三宅俊彦

## 新宿御苑駅（仮停車場）
### 新宿御苑―代々木間

開業：大正3年（1914）4月25日（昭憲皇太后大喪）

廃止：大正3年（1914）4月26日

明治天皇御大喪の当日、大正元年（1912）9月13日開設され、御霊柩列車が新宿・品川でスイッチバックして、京都から奈良線桃山まで運転される。

また、昭憲皇太后（明治天皇の御后）御大喪の当日、大正3年（1914）4月25日開設され、前記と同様に青山から桃山まで御霊柩列車が運転される。

## 新宿駅第一乗降場
## 新宿駅第二乗降場

開業：昭和2年（1927）2月7日（大正天皇大喪）

廃止：昭和2年（1927）2月9日

大正天皇の御大葬に際し、昭和2年（1927）2月7日・8日の両日、現在の中央快速線を使用し代々木から千駄ケ谷停車場裏側の新宿御苑内に設置した。

開業：明治39年（1906）3月1日

改称：明治39年（1906）10月1日

廃止：大正13年（1924）7月16日

甲武鉄道の国有化7ヵ月前の明治39年（1906）3月1日に設置した電車専用乗降場で、新宿駅の構内にある。同年10月1日、甲武鉄道は国有化され、新宿駅第一電車出札所、新宿駅第二電車出札所と改称する。いずれも独立した駅ではないが、『省線電車史綱要』の列車運行図表や『停車場平面図』（明治43年発行）には甲州街道口・青梅街道口としてに掲載されている。今日ではホームや通路を歩くのが常態の新宿駅南口と西口に乗降場があったと想像される。いずれも新宿駅改良工事に伴い大正13年（1924）7月16日に廃止になっている。

東浅川の駅舎。昭和35年に廃止になった後、八王子市の施設として使用していたが放火により消失した。絵葉書所蔵：三宅俊彦

## 東浅川駅

開業：昭和2年（1927）2月7日

廃止：昭和35年（1960）9月10日

東浅川駅は当時の八王子―浅川（現・高尾）間の東京起点52.0kmにある宮廷専用駅で、大正天皇の御大葬に際し開設された。その後も昭和天皇・皇后両陛下が多摩御陵参拝の都度使用される。戦後は昭和26年（1951）、貞明皇后の御大葬に際し使用される。しかし、その後は両陛下が多摩御陵へ御参拝には自動車の利用もしくは浅川駅が利用されるようになり、昭和35年（1960）9月10日に廃止となった。

# 武蔵野競技場前駅
## 三鷹—武蔵野競技場前間

開業：昭和26年（1951）4月14日
廃止：昭和34年（1959）11月1日

武蔵野競技場前駅があった東京都武蔵野市西窪（現・緑町二丁目）には第二次世界大戦中に中島飛行機武蔵製作所が建設された。資材輸送のため、武蔵境駅から境浄水場への専用線を延長する形で、工場までの専用線が開通している。ところが昭和20年（1945）には米軍機の空爆による被害が甚大で、事実上生産停止の状態で、終戦を迎えた。

第二次世界大戦後、中島飛行機武蔵製作所の跡地を再活用することになった。被害の少なかった西側は接収され、駐留軍宿舎となり、東側に武蔵野競技場（東京グリーンパークスタジアム）が計画される。このスタジアムは当時の後楽園球場をはるかに上回る規模で、収容人員5万人で甲子園球場に匹敵するものであった。

昭和25年（1950）、プロ野球はセントラル・リーグとパシフィック・リーグの2リーグ制になり、国鉄（現・東京ヤクルト）スワローズがセントラル・リーグに加盟している。国鉄スワローズはこの武蔵野競技場をホームグランドとして使用する予定であった。試合を開催する日の観客輸送のため三鷹から武蔵野競技場までの新線が建設されることになった。実際は戦前、武蔵境から中島飛行機武蔵製作所までの専用線の活用で、東京からの直通に便利なように三鷹から分岐している。

鉄道は昭和25年7月には開通予定であったが、グリーンパークスタジアムの完成が遅れたため、正式な開業は翌年の野球シーズンを待って中央本線（通称：武蔵野競技場線）三鷹—武蔵野競技場前間が昭和26年（1951）4月14日に開通した。営業キロが3.2kmの単線・電化線である。途中の駅はなかった。

三鷹駅では、名古屋寄り約600mの上り本線から直接分岐して三鷹電車区を左に

廃止後もそのまま残されていた武蔵野競技場前駅舎。長期間使用されておらず荒れ放題の状況であった。昭和32年8月22日　写真：三宅俊彦

武蔵野競技場前駅名板。ホームには夏草が生い茂っていた。昭和32年8月22日　写真：三宅俊彦

## 歴史の中に消えていった駅と路線

野球のボールをデザインした斬新な行先掲示板。野球の試合開催日には東京駅から73系電車が直通運転を行っていた。武蔵野競技場前駅　昭和26年5月13日　写真：北原重博

対応の長さ180m、他に211mの着発線2本を有する。ホームの西側には信号扱所がある。駅舎はホームの東側のスタジアムの前にあった。

当時の三鷹駅は2面4線で、1番線は東京方面は行き止まり、浅川（現・高尾）方面にしか発車出来なかったので、あまり使用していなかった。武蔵野競技場線は三鷹駅に専用ホームはなく、1番線・3番線（中線）を使用した。1番線から下り方向に発車すると、下り本線とさらに上り本線と平面交差するため、本線の列車運転に支障があった。また3番線で折り返す場合は、長時間留置できず、発車時間が近くなるまで、一旦西1番または西2番に引き上げた。

武蔵野競技場前駅が開業した昭和26年4月14日から、グリーンパークスタジアムでは2週間に渡り東京六大学の春のリーグ戦を開催した。開業日は東京六大学のリーグ戦に合わせたものである。プロ野球の方は5月5日の国鉄対名古屋の試合が最初である。通称・武蔵野競技場線は競技開催日のみの運転で、東京からほぼ20分間隔で直通運転する。この武蔵野競技場線のダイヤの基本はすでに昭和25年（1950）10月1日の

時刻改正で織込まれていたようだ。すなわち東京―三鷹間運転の列車（電車）を競技開催日のみ武蔵野競技場前まで延長運転するダイヤとするものであった。時刻改正前は三鷹駅での折返しは12分を基準としていたが、改正後は武蔵野競技場前までの往復を含め折返しは15分に改めた。当時は試合開始時刻が早く、東京六大学野球は1日4試合行う。三鷹駅発では9時台から運転し試合行う。この他三鷹―武蔵野競技場前の折り返し運転を行う。いずれも中野・三鷹電車区の63形6～7両編成で運転する。

日本交通公社発行、国鉄監修『時刻表』には昭和26年6月号から、中央線の東京―浅川間、国分寺―東京競馬場前間と同じ表の中に掲載している。時刻の掲載はなく、"競技開催日運転"の注記が記されていた。すなわち武蔵野競技場前駅は臨時駅である。

しかし、「時刻表」では昭和31年12月号から掲載中止の状態で廃止になった。

武蔵野競技場線は、昭和27年から休止状態が続き昭和34年（1959）11月1日廃止となる。しかもこの間、定期列車が運転されたことは一度もなく8年余の短い歴史を閉じた。この付近は住宅も多く、通勤輸送にも活用できそうだが、この線自体の欠点

見ながら、半径250mの急カーブで北東へ向かう。ほぼ直線で進み、三鷹起点2.2kmで五日市街道を横切り、半径250～300mの急カーブで今度は東に向かうと終点の武蔵野競技場前である。ホームは島式1面2線の頭端式のターミナルで、8両

通称・武蔵野競技場線最大の遺構、玉川上水に残る橋台跡。
平成19年4月30日　写真：三宅俊彦

万世橋停車場建設に使用する大規模な砂利採取の施設があった下河原駅構内。『市街高架線東京万世橋建設紀念写真帖』　所蔵：三宅俊彦

として単線で途中駅で交換できないこと、五日市街道との立体交差の用地がないことが挙げられる。また接続する三鷹駅では中央線の複々線化工事との関連や構内の中央線上り本線との平面交差が問題が山積みで実現しなかった。

現在、武蔵野競技場前駅の跡地は武蔵野中央公園になっている。線路跡は三鷹市側が"堀合遊歩道"、武蔵野市側が"武蔵野グリンパーク遊歩道"として整備されている。遊歩道の道端に残る何本かの国鉄時代の「工」マークのついた用地境界標が残っていて、ここが線路跡であったことを示している。玉川上水に残る橋台跡が最大の遺構になっている。

### 下河原線富士見（信）
### 国分寺→北府中駅
### 北府中―下河原間

開業：昭和9年（1934）11月6日（富士見仮信号所設置）

開業：昭和24年（1949）1月21日（富士見乗降場設置）

開業：昭和27年（1952）7月1日（富士見乗降場廃止、北府中信号場設置）

168

## 下河原駅

開業：昭和31年（1956）9月1日（信号場が停車場に昇格）
廃止：昭和48年（1973）4月1日（武蔵野線の駅に所属変更）

開業：大正9年（1920）5月26日
廃止：大正10年（1921）12月1日
復活：昭和27年（1952）7月1日
廃止：昭和51年（1976）9月20日

この区間の前身、東京砂利鉄道は明治43年（1910）に専用鉄道として開通したと言われる。多摩川の石や土砂類輸送のためのもので、当時の下河原駅構内の写真が『市街高架線東京万世橋建設紀念写真帖』に掲載されている。大正9年（1920）5月25日、鉄道省は東京砂利専用鉄道国分寺—下河原間6.4㎞を買収して、同年5月26日に開業している。大正10年（1921）12月1日、廃止となるが国分寺停車場に併合される。

戦後再び昭和27年（1952）7月1日に書類上国分寺—下河原間が復活、下河原駅は独立した貨物駅となる。昭和31年（1956）9月1日、国分寺—下河原間の貨物線の起点は国分寺から北府中に変更、北府中—下河原間3.8㎞となる。昭和48年（1973）4月1日、武蔵野線開業に伴い起点の北府中駅が中央本線から武蔵野線に所属変更となり、北府中—下河原間は武蔵野線の一部となる。しかし、昭和51年（1976）9月20日に廃線となる。

北府中の前身は富士見仮信号所で、昭和9年（1934）に設置され、昭和19年には工場従業員の輸送列車に限り旅客扱いをしていたが廃止となる。

昭和24年（1949）1月21日、富士見乗降場が設置される。富士見は営業キロが設定されていなかった。そのためここに示した乗車券は外方の東京競馬場前—中野間になっている。昭和27年（1952）7月1日に国分寺—下河原間が復活、北府中信号場が設置された。営業キロが国分寺—北府中信号場間は3.1㎞、北府中信号場—下河原駅4.0㎞となる。以降56）9月1日、国分寺—下河原間の貨物

富士見駅(仮)発行の乗車券　所蔵：五味 久

国分寺ー北府中間を走る101系の3連。昭和39年2月2日　写真：高木堯男

は次の項をお読みいただきたい。

下河原線の廃線跡は北府中駅の南からスタートし南西に進み、小公園には下河原線の歴史を語る立て札が立っている。国道20号線の南から"下河原緑道"として整備されている。終点の下河原の跡地は公園になっている。

東京競馬場駅に到着したクモハ40形の単行。昭和44年6月12日
写真：高木堯男

小さな東京競馬場駅の駅舎。競馬開催日以外は無人駅だった。昭和48年3月18日　写真：三宅俊彦

競馬開催日には混雑に対応して、このような臨時出札口がオープンする。昭和48年3月18日　写真：三宅俊彦

線路跡の遊歩道、向かって左が東京競馬場前駅方面、右が下河原駅方面。平成19年5月4日　写真：三宅俊彦

東京競馬場駅の左側101系6連の定期列車、右側101系7連の臨時稲毛行。昭和40年5月30日　写真：上原庸行

## 東京競馬場前駅　国分寺―北府中―東京競馬場前間

- 開業：昭和9年（1934）4月2日
- 休止：昭和19年（1944）10月1日
- 復活：昭和22年（1947）4月24日
- 廃止：昭和48年（1973）4月1日

競馬場線は国分寺―東京競馬場前間5kmとなっているが、国分寺起点5km600mまでは国分寺―北府中―下河原間と同一の線路である。この分岐点は北府中駅からはるか南の東京競馬場前駅の手前約400mの地点である。

昭和31年（1956）9月1日、北府中信号場は停車場に昇格、旅客を扱う競馬場線が国分寺起点となり、国分寺―北府中間3.3km、北府中―東京競馬場前間2.3kmに変更となる。

昭和48年（1973）4月1日、武蔵野線開業に伴い国分寺―北府中―東京競馬場前間は廃線となり、北府中は中央本線から武蔵野線に所属変更となる。東京競馬場前駅の跡地は面影を留めていない。

## 多摩川原駅　立川―多摩川（信）―多摩川原間

- 開業：昭和5年（1930）4月1日
- 廃止：昭和21年（1946）6月1日

立川―日野間の多摩川信号所は甲武鉄道の時代の明治24年に設置した。立川から1.1マイル（1.7km）の多摩川橋梁の立川方に位置する。明治38年に紅林徳五郎が個人で多摩川信号所を起点として中央線より西方に線路を伸ばして砂利採り線を建設した。この砂利線は翌39年に甲武鉄道が買収、甲武鉄道は明治39年5月20日に買収され、多摩川信号所、砂利採り線も引き継がれた。

大正11年には多摩川信号所は多摩川信号場に変更となる。昭和5年（1930）4月1日、貨物専用の終点が多摩川原駅として設置された。これより前の大正13年（1924）8月15日、多摩川砂利木材鉄道が多摩川原からさらに西、八高線の多摩川橋梁の下付近まで専用線を開業している。第二次世界大戦中より実質稼動できず、昭和21年（1946）6月1日に立川―多摩川信号場―多摩川原間の運輸営業は休止となり、そのまま廃止となる。多摩川砂利木材鉄道の専用線も相前後して廃止、撤去されたようだ。

| | | |
|---|---|---|
| 昭和 34. 9. 1 | 区から転じた101系初期車のみの配置 |
| 11. 9 | 中央線の急行、平日の全日運転開始 |
| 11.21 | 総武線電車の御茶ノ水折り返しを中野折り返しに延長。日中の運転を東京―立川間とし、立川―浅川間には101系2連・4連の小運転を開始 |
| 35. 4.25 | 中央本線にキハ55系気動車急行「第1・2アルプス」運転開始 |
| 11.11 | 101系中野電車区に配置開始 |
| 11.21 | 中央線101系8M2Tを6M4Tとする。快速電車全10両化。立川―浅川間の小運転を3連とする |
| 36. 3.20 | 中央線東京―高尾間の「急行」を「快速」と改称 |
| | 浅川駅を高尾駅と改称 |
| 11.20 | 山手線に101系（カナリヤ色）運転開始（4M3T編成） |
| 11.28 | 中央線に101系低屋根車クモハ100形800番台落成 |
| 12. 9 | モハ100形800番台落成 |
| 37.11.19 | 山手線8連化（6M2T） |
| 38. 3.25 | 103系試作車1編成（ウグイス色）落成 |
| 10. 1 | 山手線101系化完了 |
| 12.28 | 山手線で103系試作編成運転開始 |
| 39. 6. | 山手線103系量産車の営業運転開始 |
| 40. 5.20 | 中央本線・篠ノ井線新宿―松本間全線電化完成 |
| 10. 1 | 立川―高尾間日中の小運転を廃止、終日東京―高尾間の運転に戻る |
| 11. | 103系（スカイブルー）京浜東北線で営業開始 |
| 41. 3.16 | 営団地下鉄東西線、中野駅乗入れ開始 |
| 4. | 全国ATS使用開始 |
| 4.28 | 中野―荻窪間高架複々線化完成。荻窪―営団地下鉄東西線竹橋間直通運転開始 |
| 4.28 | 中央線快速電車の休日運転開始、毎日運転となる |
| 7. | 東西線乗入れ用301系アルミカー完成 |
| 10. 1 | 301系により中央・総武緩行線の営団地下鉄東西線相互乗入れ運転開始 |
| 11.10 | 豊田電車区開設 |
| 12.12 | 中央本線に特急「あずさ」運転開始 |
| 42. 4. | 国電10000両達成 |
| 7. 3 | 中央線東京―高尾間に「特別快速」運転開始（毎時3本） |
| 9. | 中央線「特別快速」に大型表示板取付け |
| 12.23 | 常磐線に103系（エメラルドグリーン）運転開始 |
| 44. 3.20 | 101系新製終了 |
| 4. 8 | 中央線荻窪―三鷹間高架複々線化完成。営団東西線との相互乗入れ区間を三鷹―津田沼間に延長。快速は高円寺、阿佐ケ谷、西荻窪を休日通過とする |
| 4. | 総武・中央緩行線モハ73系運転終了 |
| 4.25 | 山手線103系8・10連化完了 |
| 45.10. 1 | 中央線特別快速、毎時3本を4本に増強 |
| 10.27 | 中央・東西線用103系1200番台落成 |
| 昭和 45.11. | 京浜東北線に101系の応援転入開始 |
| 46. 3. 7 | 山手線の線名を「やまて」から「やまのて」とする（正式呼称への復帰） |
| 4.20 | 山手線10連化 |
| 48. 3. 1 | 中央快速線に103系新製冷房車運転開始 |
| 4. 1 | 武蔵野線府中本町―新松戸間電車開業。一部並行する下河原線廃止 |
| 8.31 | 婦人子供専用車廃止 |
| 54. 2. | 中央線201系試作車、試運転開始 |
| 8.20 | 201系試作車、運転開始 |
| 55. 4.25 | 103系高運転台車（非ATC）豊田区へ投入 |
| 56. 8.20 | 201系量産車運転開始 |
| 58. 3. 3 | 中央快速線103系運転終了、103系全車転出 |
| 59. 1.24 | 103系新製終了 |
| 60. 3.13 | 中央快速線201系化完了。中央快速線101系運転終了 |
| 3.14 | 山手線205系営業運転開始。中央線快速の201系化完了 |
| 4.29 | 中央快速線101系さよなら運転 |
| 61. 3. 3 | 中央特快大型表示板廃止。中野電車区配置の中央・総武緩行線用201系（カナリヤ色）を三鷹電車区へ移管 |
| 11. 1 | 201系大月乗り入れ開始 |
| 62. 4. 1 | 国鉄分割・民営化。東日本旅客鉄道（JR東日本）発足 |
| 5.21 | 中央快速線201系前面に特快表示等の横差しサボ取付け |
| 63. 6.26 | 山手線103系さよなら運転 |
| 12. 1 | 中央「特別快速」を「中央特快」に改称、「青梅特快」の運転開始 |
| 11.23 | 中央・総武緩行線101系さよなら運転（11.30まで） |
| 平成 2. 3.10 | 中央線201系快速電車の富士急行河口湖まで直通運転開始 |
| 5. 4.10 | 中央線に「通勤特快」運転開始 |
| 6. | 快速用201系前面に電照式列車種別表示器を設置 |
| 6.12. 3 | 土曜ダイヤ導入で快速電車は高円寺、阿佐ケ谷、西荻窪通過となる |
| 7. 7. 2 | 東京駅の中央線重層化新ホーム使用開始 |
| 12. 8. 1 | 中央・総武緩行線の201系京葉線に転属 |
| 13. 8. 4 | 201系4連1本を展望電車に改造した「四季彩号」青梅線で運転開始 |
| 13.12. 1 | 中央・総武緩行線の201系、青梅・五日市線、京葉線に転属 |
| 16. 3.13 | 武蔵小金井電車区配置の全車両を豊田電車区に移管 |
| 17. 9. 5 | 中央線朝ラッシュ時に1両を女性専用車に指定開始 |
| 18. 9.22 | 中央線201系の後継車、E233系最初の編成が豊田電車区に登場 |
| 12.26 | E233系運転開始。以後E233系の増備と201系の廃車が進む |
| 19. 7. 1 | 三鷹―国分寺間下り高架線完成 |
| 11.25 | 三鷹電車区を三鷹車両センター、豊田電車区を豊田車両センター、武蔵小金井電車区を豊田車両センター武蔵小金井派出所に変更 |

172

# 中央線関連年表

作成：三好好三

| 年 | 月日 | 事項 |
|---|---|---|
| 明治 22. | 4.11 | 甲武鉄道新宿―立川間開業 |
| | 8.11 | 甲武鉄道立川―八王子間開業 |
| 23. | 9. 6 | 官設鉄道を経営する鉄道局を鉄道庁と改称(明治25.7通信省の所管となる) |
| 26. | 11.10 | 鉄道庁を鉄道局に改組 |
| 27. | 10. 9 | 甲武鉄道市街線新宿―牛込間開業 |
| 28. | 4. 3 | 甲武鉄道牛込―飯田町間開業 |
| 30. | 6. 1 | 総武鉄道本所(現・錦糸町)―銚子間全通 |
| | 8.18 | 官設鉄道の経営を鉄道局から新設の鉄道作業局(通信省の外局)に移管 |
| 34. | 8. 1 | 中央東線八王子―上野原間開業。甲武鉄道と連絡運輸開始 |
| 36. | 6.11 | 中央東線八王子―甲府間開業 |
| 37. | 4. 5 | 総武鉄道本所―両国橋(現・両国)間開業 |
| | 8.21 | 甲武鉄道飯田町―中野間に電車併用運転開始 |
| | 12.31 | 甲武鉄道飯田町―御茶ノ水間電車延長運転 |
| 39. | 6.11 | 中央東線八王子―塩尻間全通、篠ノ井線と接続。飯田町―長野間の列車運転開始 |
| | 10. 1 | 甲武鉄道国有化 |
| | 11. 1 | 日本鉄道国有化 |
| 40. | 4. 1 | 鉄道作業局を廃し、帝国鉄道庁を開設 |
| 40. | 9. 1 | 総武鉄道国有化 |
| 41. | 4.19 | 御茶ノ水―昌平橋(仮)間電車延長運転 |
| | 12. 5 | 帝国鉄道庁、逓信省鉄道局を廃し、「鉄道院」を設置 |
| 42. | 12.16 | 烏森(現・新橋)―品川―上野間および池袋―赤羽間に電車運転開始(山手線電車運転の初め) |
| 44. | 5. 1 | 中央東・西線昌平橋―名古屋間全通 |
| 45. | 4. 1 | 万世橋―中野間電車運転開始 |
| 大正 3. | 12.20 | 東京駅開業 |
| 8. | 1.25 | 中野―吉祥寺間電化工事完成。万世橋―吉祥寺間の電車併用運転開始 |
| | 3. 1 | 東京―万世橋間電車専用線開通。山手線と通しで中野―東京―品川―新宿―池袋―上野間に「の」の字運転、および東京―中野・吉祥寺間に電車運転開始 |
| | 9. 5.15 | 鉄道院を廃し、鉄道省とする |
| | 10. 7.10 | 新宿電車庫を中野に移転、中野電車区(→中野電車区)開設 |
| | 11.11.20 | 吉祥寺―国分寺間電車延長運転開始 |
| 昭和 2. | 3. 1 | 代々木―信濃町間複々線化完成 |
| | 3. 5. 1 | 新宿―中野間複々線化完成 |
| | 4. 3. 5 | 国分寺―国立電車延長運転開始 |
| | 4.15 | 飯田町―信濃町間複々線化完成 |
| | 6.16 | 国立―立川間電車延長運転開始 |
| | 9. 1 | 三鷹電車区開設 |
| | 5.12.20 | 立川―浅川間電車延長運転開始 |
| | 6. 4. 1 | 中央本線八王子―甲府間電気機関車の運転開始 |
| | 7. 7. 1 | 御茶ノ水―飯田橋間複々線化完成 |
| 昭和 7. | 7. 1 | 総武線御茶ノ水―両国間開通、電車運転開始 |
| | 8. 7.15 | 中央本線旅客列車の始発駅を飯田町から新宿に変更 |
| | 9.15 | 東京―中野以西間の電車、朝夕のみ東京―中野間に急行運転開始 |
| | 9.15 | 総武線電車中野―総武線船橋間の直通運転開始 |
| | 9. 4. 2 | 国分寺―東京競馬場前間必要の時に限り旅客運輸開始 |
| 18. | 11. 1 | 鉄道省、逓信省を廃し、運輸通信省を設置 |
| 19. | 3. 5 | 中央線急行を休日にも運転開始 |
| | 4. 1 | 南武鉄道(五日市鉄道を併合済み)、青梅電気鉄道国有化 |
| 22. | 5. 5 | 中央線急行電車に婦人子供専用車を設定 |
| 24. | 6. 1 | 公共企業体「日本国有鉄道」発足 |
| | 6.27 | 青梅―東京間に直通電車運転開始、朝上り1本のみ |
| | 7. 9 | 東京―大月間の電車列車を富士山麓電鉄(現・富士急)の富士吉田まで延長運転 |
| | 7.13 | 新宿―大月間の臨時電車運転開始。8月31日まで毎日1往復、愛称名は「たかね号」、秋臨「たかね号」として11月13日まで運転 |
| 25. | 8.24 | 富士山麓電鉄富士吉田―河口湖間開通。東京―河口湖間に40系7連による1日1往復の定期列車「みづうみ号」の運転開始(愛称名は昭和26年3月末まで) |
| | 10. 1 | 東京―青梅間に直通電車運転開始、夕下り1本のみ |
| | 11.19 | 中央本線新宿―甲府間に電車運転開始 |
| 26. | 4.14 | 三鷹―武蔵野競技場前間開通(34.11.1廃止) |
| 28. | | 中央線、総武線に新製73系の配置開始 |
| 30. | | 中央線の混雑度が上昇。73系新製車の配置が京浜東北線優先から中央線優先に変わる |
| 31. | 8. | 中央線に全金属製73系920番台2編成登場。半鋼製の標準型(低屋根の73形850番台を含む)は31年度末まで増備を続けて製造終了 |
| | 11.19 | 山手線・京浜東北線田端―田町間の分離運転開始 |
| | 11.19 | 中央線婦人子供専用車の下り便廃止 |
| 32. | 5. | 全金属製73系920番台中央線に大量投入。これをもって旧性能通勤型電車の新製終了 |
| | 6.20 | 中央、京浜東北線の2等車廃止、老幼優先車に切替え(33年廃止) |
| | 6.30 | 中央線用モハ90形試作車10連落成(オールM車) |
| | 7.14 | 東京駅中央線ホーム拡幅工事完成 |
| | 12.16 | モハ90形営業運転開始 |
| 33. | 3.10 | モハ90形量産車(昭和32年度製造車)三鷹電車区に配置終了 |
| | 3.31 | 量産車の営業運転開始 |
| | 11.21 | サハ98形登場、10MをもM2T化 |
| 34. | 6. 1 | 車両称号規定改正、90系は101系となる |
| | 9. 1 | 武蔵小金井電車区開設。当初は三 |

## あとがき

中央線の電車には昭和10年代の子供の頃から乗る機会が多かったが、戦後は沿線に住むようになって、現在もお世話になり続けている。

昭和25年（1950）夏に吉祥寺へ移転してきた当時は63形の全盛時代だったが、戦前型もまだ多数が健在で、年度別のスタイルの違いなどを探査しながら乗るようにしていた。昭和28年以降はモハ72形、クハ79形の新製車が続々と投入されて、次第に質的な充実が見られた。しかし、利用客が増え続けていたため、抜本的な混雑対策の切り札として登場したのが101系（当初は90系）だった。

オレンジ色の電車第一陣である101系の試作車が営業運転を開始した昭和32年（1957）の12月16日は、奇しくも私の20歳の誕生日でもあった。早速試乗に出かけて、すでに数年前から登場していた私鉄各社のカルダン駆動車と性能を比較したり、乗り心地やインテリアを評定したりして、その日は浮き立つように楽しかったのを憶えている。

そのような出会いもあって、以後、101系とその後継車の103系・201系にも親愛の情を寄せてきた。しかし、50年という歳月は長い。思えばオレンジ色の電車の初舞台から引退までの50年と、私の20歳の成人式の年から古稀を迎えるまでの50年とは時間的にも完全に一致するのである。私と世代は違っていても、ご自身と中央線のオレンジ色の電車の年輪が

あるところで重なる読者の方も多いのではなかろうか。

JR東日本が中央線に次世代車両のE233系を投入すると発表したのは、平成17年（2005）10月のことだった。その数年前から噂は流れていたので、「いよいよその時が来たか」という思いだった。新車への興味も抑えがたかったが、50年にわたって中央線の主役を務めてきたオレンジ色の電車が消え去ることのほうに愛惜の情が湧いて、寂しかった。

後継のE233系が続々と投入され、それと引き換えに同数の201系が引退していく中で舞い込んできたのが本書の企画だった。

著者の4人はいずれも中央沿線の国分寺（塚本）、小金井（三好）、荻窪（三宅）、代々木（山口）の住人であり、長年見つめてきた中央線のそれぞれ得意とする分野を「時も良し」と存分に筆を振わせて頂き、往年の懐かしい写真も提出させていただいた。紙数の都合で語り尽くせない部分もあるのだが、現時点における「中央線読本」にまとまったのではないかと、著者一同いささかの自負を感じている。

記事に華を添える各時代の貴重な記録写真は、別記の皆様から多大なご協力を賜った。またJTBパブリッシングの大野雅弘氏、あっぺるばいむの長谷川　章氏、コメットの岡田千明さんには渾身的なお世話を頂いた。各位に厚く御礼申し上げます。

本書をご一読くださった後に中央線が少しでも新鮮に映るようであれば、著者および編集部一同にとって望外の喜びである。

平成20年3月吉日

著者を代表して　三好好三

━━【著者紹介】━━

## 三好好三　みよし・よしぞう

昭和12年(1937)東京生まれ　本名は充恭(みつやす)。
国学院大学文学部卒業後、教職を経て乗り物エッセイスト。
身近だった小田急と玉電で鉄道ファンに育つ。戦後は昭和23年(1948)から八王子市の郊外に住み中央線と京王線に親しむ。同25年以降は武蔵野市吉祥寺の中央線の線路近くに長く住んで同線の観察と研究に励む。調布市に一時転居したあと小金井市に定住。この間中央線で通学・通勤を続けた。
**主な著書**：『鉄道ライバル物語　関東vs.関西』、『発掘カラー写真　昭和30年代バス黄金時代(正・続)』(共著)、『発掘カラー写真　昭和40年代バス浪漫時代』(共著、以上JTBパブリッシング)、『映像でよみがえる昭和の鉄道』(共著、小学館)がある。他にコラム、鉄道紀行、鉄道OBの聞き書きなどを発表している。

## 三宅俊彦　みやけ・としひこ

昭和15年(1940)4月、東京生まれ
東京理科大学理学部応用物理学科卒業
鉄道史学会会員、鉄道友の会会員
学生時代から列車や運転業務などの歴史を研究している。資料となる鉄道公報・鉄道管理局報、業務用刊行物、時刻表などの収集に努める。
**主な著書**：『寝台急行「銀河」物語』(JTBパブリッシング)、『東京駅歴史探見』(共著、JTBパブリッシング)、『列車名変遷大事典』(ネコ・パブリッシング、第32回交通図書賞特別賞を受賞)、『時刻表百年のあゆみ』(成山堂書店)、日本鉄道史年表(国鉄・JR)』(グランプリ出版)、『国鉄・JR・民鉄廃線5000キロ』(共著、新人物往来社)、『古写真にみる日本の鉄道』(新人物往来社)、『タイムスリップ中央線』(共著、大正出版)など多数。

## 塚本雅啓　つかもと・まさひろ

昭和22年(1947)12月、神奈川県鎌倉市生まれ
日本大学理工学部卒業後、鉄道ジャーナル社に勤務。昭和63年(1988)にフリーの編集・ライターになる。
横須賀線の北鎌倉駅の外れで生まれ、赤ん坊のときから電車好きだったらしい。鉄道への興味はずっと持ち続け、大学は交通工学科を選択、輸送理論や橋梁工学などを学ぶ。昭和58年(1983)から中央沿線の住民に。街並み探訪やネイチャリングなどにも手を広げている。
**主な著書**：『タイムスリップ中央線』『なつかしの路面電車記録』『タイムスリップ飯田線』(共著、大正出版)、『戦後日本の鉄道車両』(グランプリ出版)などがある。

## 山口雅人　やまぐち・まさと

昭和30年(1955)東京生まれ
日本蕎麦屋の長男として家業を継ぐが、その後、鉄道模型メーカー、映像製作会社でカメラマンを経て、外資系の補聴器会社に落ち着く。しかし、好きな古道具や鉄道に関することを生業として平成8年(1996)に独立。「ラビシ・メイゲツ」として現在に至る。鉄道誌では巻頭のグラフページに、組み写真として多数掲載。また、古い鉄道資料を収集し、出版社等の要望に協力をしている。
**主な映像作品**：『楽しいのりもの』シリーズ(小学館)、写真集『鉄道少年の頃』(光村印刷)『鉄道青年の頃東京1980S』、『進駐軍時代国鉄型車両1947・1948』(イカロス出版)、『東京駅歴史探見』(共著、JTBパブリッシング)などがある。

◆参考文献

『ポケット汽車汽船旅行案内』 大正9年(1920)6月
『鉄道ピクトリアル』 中央線関連各号
巴川享則 三宅俊彦 塚本雅啓 『タイムスリップ 中央線』大正出版 平成15年(2003)
三島富士夫 生方良雄 『鉄道と街 新宿駅』大正出版 平成元年(1989)
『国鉄電車発達史』(鉄道図書刊行会) 電気車研究会編 (昭和32~33年)
『鉄道要覧』 国土交通省鉄道局監修 (各年版)
塚本雅啓 『戦後日本の鉄道車両』グランプリ出版 平成14年(2002)
『JR全車輌ハンドブック』各年号 ネコ・パブリッシング
年鑑『日本の鉄道』各号 鉄道ジャーナル社
菅原恒覧 「甲武鉄道市街線紀要」 明治30年(1897)8月発行
鉄道省 『日本鉄道史』上・中・下篇 明治10~11年発行
中部鉄道管理局工務課調整 「停車場平面図」第参巻 山手線・横浜線・中央東線・信越線 明治43年(1910)4月現在
森早苗 「万世橋停車場建築工事概要」帝国鐵道協会報第13巻第2号 明治45年(1912)2月発行
東京鉄道局 「管内線路要覧図」 大正12年(1923)3月現在
東京鉄道局運転部 「中央本線 横浜線 八高線線路図」 昭和14年(1939)4月現在
東京鉄道管理局運転部 「線路図 中央線 東京-甲府間」 昭和28年(1953)3月現在
東京鉄道管理局保線課 「管内線路一覧略図」 昭和29年(1954)11月現在
日本国有鉄道 「日本国有鉄道百年史」(各巻) 昭和47年(1972)~
国鉄旅客局営業課 「停車場関係公示・通報一覧」 大正12年~
吉田明雄 「幻の武蔵野競技場線とその史実」(『RAIL FAN』 鉄道友の会 昭和42年(1987)4月号)
星山一男 「お召列車百年」,鉄道図書刊行会,昭和48年(1973)5月発行
三村 章 「多摩川砂利木材鉄道」 (『多摩のあゆみ』第70号 たましん地域文化財団 平成5年(1993)2月発行)
「停車場変遷大事典」 国鉄・JR編 (JTB 平成10年(1998)9月)
三宅俊彦 「武蔵野競技場線の思い出」 (『トワイライトゾーンMANUAL8』(RM POCKET 23) 平成11年(1999)11月増刊号)
高山拡志 「旧国鉄・JR鉄道線廃止停車場一覧」補訂2版 (平成12年(2000)5月)

◆写真・資料を提供いただいた方々（50音順敬称略）

明るい生活社・上原庸行・裏辻三郎・江本廣一・大野弘実・荻原二郎・北原慎博・久保 敏・久保田正一・五味 久・社団法人日本交通協会・沢柳健一・杉並区立郷土博物館・杉並区立中央図書館・髙木堯男・髙田隆雄・塚本雅啓・巴川享則・萩原政男・福田静二・福原俊一・松葉 襄・水澤静男・三宅俊彦・毛呂信昭・山口雅人・横山君代・吉田明雄・渡邉淳一

◆編集協力　(有)あっぺるばうむ／長谷川 章・毛呂信昭
◆デザイン　コメット／岡田千明

中央線 オレンジ色の電車今昔50年
甲武鉄道の開業から120年のあゆみ

著　者　三好好三　三宅俊彦　塚本雅啓　山口雅人
発行人　江頭　誠
発行所　JTBパブリッシング
　　　　〒162-8446 東京都新宿区払方町25-5 アーバンネット市ヶ谷ビル
○本書内容についてのお問合せは　編集制作部本企画出版部
☎　〇三-六八八八-七八四五
○図書のご注文は　営業部直販課
☎　〇三-六八八八-七八九三
印刷所　大日本印刷

©Y.Miyoshi,T.Miyake,M.Tsukamoto,M.Yamaguchi 2008
禁無断転載・複製　073463
Printed in Japan 372770
ISBN 978-4-533-06992-5 C2026
乱丁・落丁はお取り替えいたします
旅とおでかけ旬情報
http://rurubu.com/

キャンブックス
Can Books

# 読んで楽しむビジュアル本 キャンブックス

## 鉄道

- 鉄道廃線跡を歩く
- 鉄道廃線跡を歩くⅡ
- 鉄道廃線跡を歩くⅢ
- 鉄道廃線跡を歩くⅣ
- 鉄道廃線跡を歩くⅤ
- 鉄道廃線跡を歩くⅥ
- 鉄道廃線跡を歩くⅦ
- 鉄道廃線跡を歩くⅧ
- 鉄道廃線跡を歩くⅨ
- 鉄道廃線跡を歩くⅩ 完結編
- 鉄道未成線を歩く 国鉄編
- 鉄道未成線を歩く 私鉄編
- 私鉄廃線25年
- 私鉄の廃線跡を歩く
- 私鉄の廃線跡を歩くⅡ 関東・信州・東海編
- 全国保存鉄道 Ⅰ 北海道・東北編
- 全国保存鉄道 Ⅱ
- 全国保存鉄道 Ⅲ 東日本編
- 全国保存鉄道 Ⅳ 西日本編
- 全国歴史保存鉄道
- 海外保存鉄道
- 英国保存鉄道
- サハリン 鉄道の旅
- スイス・チロルの鉄道
- アルプス・チロルの鉄道
- 韓国の鉄道
- 韓国 鉄道の旅
- 世界のスーパーエクスプレス
- 世界のスーパーエクスプレスⅡ
- 世界の駅
- 駅舎 再発見
- 駅旅のススメ
- 大阪・京都・神戸 私鉄駅物語
- 世界の蒸気機関車
- 現役蒸気機関車のすべて
- 遙かなり C56
- 鉄道構造物探見
- 知られざる鉄道
- 知られざる鉄道Ⅱ
- 全国トロッコ列車
- 全国森林鉄道
- 全国鉱山鉄道
- 地形図でたどる鉄道史
- 地形図でたどる鉄道史 東日本編
- 地形図でたどる鉄道史 西日本編
- 時刻表でたどる特急・急行史
- 時刻表でたどる鉄道史
- 時刻表昭和史探見
- 鉄道考古学を歩く
- 昭和を走った列車物語
- 東京駅歴史探見
- 東京市電名所図絵
- 横浜の鉄道物語
- 中央線 オレンジ色の電車 今昔50年
- 都電が走った街 今昔
- 都電が走った街 今昔Ⅱ
- 玉電が走った街 今昔
- 札幌市電が走った街 今昔
- 横浜市電が走った街 今昔
- 名古屋市電が走った街 今昔
- 京都市電が走った街 今昔
- 大阪市電が走った街 今昔
- 神戸市電が走った街 今昔
- 福岡・北九州 市内電車が走った街 今昔
- 伊予鉄が走る街 今昔
- 土佐電鉄が走る街 今昔
- 広電が走る街 今昔
- 長崎「電車」が走る街 今昔
- 熊本市電が走る街 今昔
- 鹿児島市電が走る街 今昔
- 日本の路面電車 Ⅰ/Ⅱ/Ⅲ
- 東京 電車のある風景 今昔Ⅰ/Ⅱ
- 名古屋近郊 電車のある風景 今昔
- 名古屋近郊 電車のある風景 今昔Ⅱ
- 関西 電車のある風景 今昔Ⅰ/Ⅱ
- 関西 鉄道考古学探見
- 鉄道唱歌の旅 東海道線今昔
- 東北・上越新幹線
- 東海道新幹線
- 東海道新幹線Ⅱ
- 山陽新幹線
- 山陽鉄道物語
- 東武デラックスロマンスカー
- 小田急電鉄の車両
- 江ノ電-懐かしの電車名鑑
- 京急クロスシート車の系譜
- 京急の車両
- 京急の駅 今昔・昭和の面影
- 大手私鉄比較探見
- 大手私鉄比較探見 西日本編
- 名鉄パノラマカー
- 名鉄の廃線を歩く
- 名鉄600V線の廃線を歩く
- 京阪特急
- 近鉄特急 上/下
- 近鉄の廃線を歩く
- 琴電-古典電車の楽園
- ことでん長尾線のレトロ電車
- キハ58物語
- キハ82物語
- DD51物語
- 国鉄急行電車物語
- 寝台急行「銀河」物語
- 日本の電車物語 旧性能電車編
- 日本の電車物語 新性能電車編
- 九州特急物語
- 幻の国鉄車両
- 旧型国電50年 Ⅰ/Ⅱ
- 私鉄機関車30年
- 私鉄気動車30年
- ローカル私鉄車輌20年 東日本編
- ローカル私鉄車輌20年 西日本編
- ローカル私鉄車輌2020年
- ローカル私鉄車輛20年 第3セクター・貨物専業編
- 全国鉄道博物館
- 譲渡車両 今昔
- 〈キャンDVDブックス〉京急おもしろ運転徹底探見

## 交通

- 絵葉書に見る交通風俗史
- 横浜大桟橋物語
- YS-11物語

旅とおでかけ旬情報　http://rurubu.com

その他、古寺巡礼・趣味・文学歴史・美術工芸・芸術・自然・食・海外ジャンルの図書も多数ございます。